MEGAN DEVINE

Es ist okay, wenn du traurig bist

MEGAN DEVINE

Es ist okay, wenn du traurig bist

EIN TRAUER-JOURNAL

mvgverlag

Bibliografische Information der Deutschen Nationalbibliothek
Die Deutsche Nationalbibliothek verzeichnet diese Publikation in der Deutschen Nationalbibliografie. Detaillierte bibliografische Daten sind im Internet über http://dnb.d-nb.de abrufbar.

Für Fragen und Anregungen
info@mvg-verlag.de

Wichtiger Hinweis
Ausschließlich zum Zweck der besseren Lesbarkeit wurde auf eine genderspezifische Schreibweise sowie eine Mehrfachbezeichnung verzichtet. Alle personenbezogenen Bezeichnungen sind somit geschlechtsneutral zu verstehen.

1. Auflage 2021

Türkenstraße 89
80799 München
Tel.: 089 651285-0
Fax: 089 652096

Übersetzung: Martin Bauer
Redaktion: Petra Holzmann
Umschlaggestaltung: Isabella Dorsch
Umschlagabbildung: shutterstock.com/Kataryna Lanskaya
Illustrationen: ©2021 by Naya Ismael
Layout: Karen Polaski
Satz: Achim Münster, Overath
Druck: Florjancic Tisk d.o.o., Slowenien
Printed in the EU

Wir produzieren nachhaltig
www.m-vg.de

ISBN Print 978-3-7474-0325-9

Into the darkness they go
the wise and the lovely.
(In die Dunkelheit gehen sie,
die Weisen und Lieben.)

Edna St. Vincent Millay
(aus: *Dirge without music*)

INHALT

EINLEITUNG

Wegweiser durch dieses Buch (und deine Trauer)

Wir haben da diese Vorstellung, es gebe bei der Trauer nur zwei Optionen: Du kannst sie überwinden, dich durchkämpfen, bis sie vorbei und »erledigt« ist und du wieder glücklich bist. Oder du bleibst in deiner Trauer stecken, wie in einen dunklen Raum eingesperrt, allein, in Lumpen gehüllt, in einer Ecke vor dich hin stierend.

Wir betrachten Trauer als eine Art Test für das menschliche Herz, den es bestehen oder auch nicht bestehen kann.

Angesichts all der allgemeinen Ratschläge, wie man seinen Trauer-Schmerz lindern, die Vergangenheit hinter sich lassen und die Kraft des positiven Denkens nutzen kann, scheint es fast, als betrachte jeder die Trauer als Problem, das gelöst werden muss. Leider ist es aber kein bisschen hilfreich, wenn man Trauer wie eine Krankheit behandelt. Trauer ist kein Problem, das gelöst werden muss. Sondern eine Erfahrung, die ertragen werden muss.

Wer seine Trauer überleben will, muss Wege finden, sich mit ihr »anzufreunden« und zwischen den beiden Extremen »Alles ist schon wieder besser« und »Ich bin hoffnungslos verdammt« zu leben. Es geht nicht darum, den Verlust verschwinden zu lassen, sondern man braucht Werkzeuge, um sich innerhalb des erlittenen Verlusts wieder ein Leben aufzubauen.

So unmöglich das jetzt scheinen mag, du kannst deine Trauer überleben. Es wird nicht leicht, diese Zeit wird nicht immer aus Sonnenschein und Lächeln bestehen. Alles, was ich in diesem Arbeitsbuch anbiete, soll dir dabei helfen, eine Beziehung zu deiner Trauer aufzubauen. Du wirst lernen, sie zu ertragen, und vor allem, sanft zu dir selbst zu sein – angesichts all dessen, was du durchgemacht hast.

SO FUNKTIONIERT ES

In diesem Tagebuch darfst du die Wahrheit über deine Trauer festhalten – die ganze Wahrheit. Hier darf sich deine Trauer ausbreiten, Form annehmen, und so laut, lange, schlimm, schmerzhaft, melancholisch, traurig und süß sein, wie sie nur mag, ohne dass gleich jemand versucht, alles schönzufärben oder dich aus deiner Trauer zu reißen. Hier kannst du auch die schönen Aspekte festhalten und Dinge ausprobieren, die dir helfen, deine Trauer ein wenig besser zu ertragen, und sei es auch nur das winzigste bisschen. Auf dem Papier ist alles willkommen.

Dieses Buch wird dich anregen, deine Gedanken niederzuschreiben oder zu zeichnen (wobei die Anregungen weit über das abgedroschene »Erzähl uns von der Beerdigung« hinausgehen). Außerdem findest du darin aufmunternde Botschaften von Leidensgenossen – die sich hirnlose »Kopf hoch«-Sprüche sparen. Dieses Buch enthält Checklisten, Comics zum Selbst-Ausfüllen, geheime Liebesbotschaften, die du schreiben sollst, und praktische Karten zum Selbstgestalten, um wohlmeinende Freunde und Angehörige auf den rechten Weg zu führen. Es gibt sogar einen Abschnitt mit Skripten für peinliche Gesprächssituationen.

Dieses Tagebuch soll auch als täglicher Fixpunkt dienen. Die Handlungsanweisungen und Übungen geben dir jeden Tag in deiner Trauer etwas zu tun, Zitate liefern Denkanstöße. Innerhalb eines Lebens, das leicht überwältigend wirkt, sind solche Fixpunkte sehr wichtig.

ANMERKUNG ZU WIDERSTÄNDEN

Ich habe selbst einen Todesfall erlebt. In den ersten Monaten nach dem Tod meines Mannes Matt sperrte ich mich innerlich gegen alles, was versprach, meine Trauer verschwinden zu lassen. Vielleicht geht es dir ebenso. Doch keine Angst, nichts wird dir deine Trauer wegnehmen. Nicht dieses Arbeitsbuch, und auch sonst nichts. Es geht uns hier nicht darum, die Trauer verschwinden zu lassen. Nein, wir suchen nach Kameradschaft, Bestätigung und den Werkzeugen, die diese Zeit ein wenig leichter machen für dein Herz und deinen Geist. Ich möchte dir helfen, auf dem aufzubauen, was du bereits über dich weißt, die Liebe zu finden, die noch in dir steckt, und ihr zu folgen in dein zukünftiges Leben.

Wenn du einen inneren Widerstand gegen Übungen oder Aufgaben in diesem Buch spürst, kannst du diesen Widerstand immer beschreiben oder zeichnen. Erkunde ihn. Manchmal verrät er uns interessante Dinge.

Mit »Verlust« meine ich hauptsächlich »Tod«, du kannst dieses Buch aber auch verwenden, wenn du einen anderen Verlust erlitten hast. Da ich nicht auf jeden denkbaren Verlust eingehen kann, musst du an manchen Stellen mit einem übersetzenden Auge lesen und selbst erkunden, inwiefern meine Sätze für dein Leben zutreffen. Wichtig ist auch der Hinweis darauf, dass du nicht alles in diesem Buch toll finden wirst. Menschen sind unterschiedlich; für den einen funktioniert die eine Übung, für den anderen eine andere. Nimm dir, was du brauchst, und ignoriere den Rest. Ich hoffe, du findest genug, was für dich hilfreich ist.

Fangen wir an!

Dieses Tagebuch ist dafür gedacht, dass du hinein schreibst und hinein zeichnest und es mit dir herumträgst. Es soll dein Anker im Sturm sein, und du darfst es gerne in die Ecke werfen, wenn dir gerade danach ist.

Hier ein paar nützliche Hinweise zu Beginn (die du beachten oder ignorieren kannst, ganz wie du magst):

Die Charts, Listen und Karten in diesem Buch sollen dir dabei helfen, deine Trauer zu verstehen und zu lernen, wie du dir selbst in dieser Trauer beistehst. Egal, wie viele Verluste du in deinem Leben schon erfahren hast, diesen Verlust erlebst du zum ersten Mal. Nähere dich deiner Erfahrung mit offenem Geist.

Vergiss nicht, dass du Übungen jederzeit wiederholen kannst. Trauern ist ein Prozess, und deine Trauer wird sich mit der Zeit verändern, und bestimmte Aspekte werden sich verschieben. Entsprechend wirst du auf die Fragen in diesem Buch auch unterschiedlich antworten. Was du gebraucht hast, als du eine Übung zum ersten Mal gemacht hast, unterscheidet sich vielleicht von dem, was du heute, morgen oder nächste Woche brauchst. Alles ist im Fluss, jederzeit.

Für den Fall, dass du mit der Methode, auf ein Stichwort hin zu schreiben, nicht vertraut bist, hier ein paar Hinweise:

- Stelle einen Timer. Wirklich. Du wirst überrascht sein, wie sehr das hilft. Zehn Minuten sind ein guter Anfang.

- Schreibe einfach immer weiter. Schreibe, bis die Zeit um ist.

- Wenn du beim Schreiben »stecken bleibst«, schreibe die Frage noch mal hin. Die Wiederholung der Frage ist wie das Betätigen einer Pumpe, die nichts mehr fördert: Es dauert vielleicht ein bisschen, bis wieder eigene Wörter fließen, aber fließen werden sie.

- Es geht hier nicht um Erörterungen oder nüchternes Abwägen – die Anstöße, die du hier bekommst, sollen als Sprungbretter für deinen assoziativen und kreativen Geist dienen. Schau, wohin er dich führt.

- Sobald du dich für das Schreiben frei machst, kommen die Wörter von selbst. Das tun sie immer. Vielleicht tauchen nicht immer die besten oder die einfachsten Wörter auf, aber es erscheinen Wörter. Das Gleiche gilt fürs Zeichnen oder andere kreative Betätigungen. Je mehr du dich auf die Seite einlässt, je mehr du dich auf dich selbst einlässt, desto leichter wird es. An manchen Tagen werden die Wörter nur so aus dir heraussprudeln. Und manchmal tröpfeln sie nur zäh. Wichtig ist, dass du dir Raum zu reden gibst.

Und hier einige Bemerkungen zum *Zeichnen:*

- Nimm die Stifte bzw. Farben, die dir momentan am liebsten sind. Bleistift, Leuchtstift, Wachsmalkreiden – ganz egal. Wenn es dir vor dem Gedanken gruselt, zeichnen zu müssen, kannst du eine Collage anfertigen. Das darfst du natürlich auch, wenn es dich nicht vor dem Gedanken gruselt. Vergiss nie: Das sind deine Bilder – du kannst nichts falsch machen.

- Für eine Collage sammelst du erst einmal einen Stapel Zeitschriften und besorgst dir eine gute Schere und einen Kleber (Klebstift, Tesa, Flüssigkleber, o. Ä.). Blättere die Zeitschriften mit der aktuellen Fragestellung im Kopf durch und schneide alle Bilder aus, die dich ansprechen. Lass deinen Geist durch die Seiten wandern. Die Bilder, die du auswählst, müssen dir gar nicht gefallen. Manchmal erzählen auch abstoßende Dinge eine Geschichte. Nichts von alledem muss einen Sinn ergeben, nichts muss »Kunst« sein. Suche vielleicht nach größeren Abbildungen für den Hintergrund und nach mehreren kleineren Bildern für den Vordergrund oder das Hauptbild. Arrangiere diese ausgeschnittenen Bilder so lange auf der Seite um, bis alles richtig an seinem Platz zu sein scheint, und klebe sie dann auf.

Das Übersetzen innerer Erfahrungen in Wörter und Bilder ist ein chaotischer Prozess. Die Suche nach dem perfekten Wort oder Bild ist müßig. Sammle lieber rohe Gedanken und Bilder: Skizzen, erste Entwürfe, Gedankensprünge und Bewusstseinsströme. Dieses Buch ist ein Ort für Experimente. Was du erschaffst, mag nicht hübsch sein. Und natürlich ist es alles andere als perfekt. Sollte dein innerer Kritiker dir im Weg stehen, dann gib ihm ein eigenes Notizbuch zum Zeichnen. Ein bisschen Time-Sharing im Kopf ist eine wunderbare Sache. Der Kritiker soll warten, bis er dran ist.

Dieses Buch kann weder eine Therapie ersetzen noch medizinische oder psychologische Hilfe. Aber zeige die Übungen und Erkundungen in diesem Buch ruhig deinem Therapeuten – oder denjenigen Personen, die dich moralisch unterstützen.

TEIL 1

ANFANG

KAPITEL 1

Die Geschichte beginnt

Als Erstes sollst du eine Geschichte erzählen bzw. aufschreiben. Du fragst dich, was Geschichtenerzählen mit deiner Trauer zu tun hat? Schließlich lebst du ja nicht in einer Fiktion. Du bist hier, weil du jemanden verloren hast, ohne den du nicht leben kannst oder möchtest. Das in eine Geschichte mit Anfang, Mitte und Ende zu verpacken – samt Wandlung der Hauptfigur zu einem noch besseren Menschen – wird schlicht nicht funktionieren.

Angesichts deines ganz realen Verlustes scheinen dir Geschichten vermutlich belanglos. Doch die klassische Struktur von Geschichten kommt nicht von irgendwoher. In der klassischen Entwicklungsreise des Protagonisten steckt viel Wahrheit, das gilt vermutlich auch für dein Leben. Gute Geschichten lassen uns in einer chaotisch und beängstigend scheinenden Wirklichkeit Ordnung erkennen. Zu Beginn der Geschichte lebt die Hauptfigur so dahin, glücklich oder unglücklich, typischerweise eher zufrieden als rastlos. Und dann ... passiert etwas. Ein Fremder taucht auf oder etwas geschieht, woraufhin die Hauptfigur etwas ihr Wertvolles verliert oder der Tod jemanden Teures zerstört. Widerwillig begibt sich die Hauptfigur auf eine Reise.

Ich wette, du möchtest nicht in deiner Situation stecken. Niemand sucht sich Trauer aus. Aber es ist, wie es ist. Und so begeben wir uns auf die Reise, wenigstens gemeinsam. Selbst dieser Widerwille gehört zu dieser Reise.

Du machst dir diese Mühe, weil du dir für dich etwas wünschst. Es ist egal, ob deine Trauer nun eine Reise ist oder ein Abenteuer oder nur etwas Grässliches, das du erleben musst – einen Startpunkt brauchst du doch. Beginne dein Tagebuch mit einer kreativen Übung, um dich von deinem denkenden Verstand zu lösen und in die tiefere Wahrheit deines Herzens abzutauchen.

Wenn du der Held oder die Heldin dieser Geschichte bist, die mehr ist als Fiktion, die alle Geschichten übertrifft, was ist dein Startpunkt? Sieh dich um. Befindest du dich bereits in »finsteren Wäldern«? Liegt das Licht deines verlorenen Lebens weit hinter dir oder erreichen noch ein paar Strahlen deine Füße? Wo startest du?

Male, collagiere oder schreibe deine Antwort nieder. Solltest du wirklich feststecken, beginne mit: »Ich muss dir erzählen, was passiert ist ...«

Was du gerade erlebst, ist schlimm. Deswegen ist es auch wichtig, dass du deine Geschichte erzählst. Nun, da du dich ein wenig orientiert hast, reden wir über die Realität der Trauer.

WAS IST »NORMAL«?

Weil wir normalerweise nicht über die Realität der Trauer sprechen, ahnen die meisten Menschen nicht, welch vielfältige Formen Trauer annehmen kann. So merkwürdig sich deine »Symptome« anfühlen mögen, du bist wahrscheinlich nicht der Einzige, der sie spürt. Normale Trauer umspannt ein riesiges Feld.

Selbst wenn du in deinem Leben schon einmal Trauer erfahren hast, musstest du diese spezielle Geschichte doch noch nie erleben. Möglicherweise äußert sich deine Trauer auf verblüffende oder verwirrende Weise.

Unterstreiche oder umkreise in folgender Liste alle Symptome, die du schon gespürt hast. Was würdest du noch auf die Liste setzen?

- Schlaflosigkeit
- Erschöpfung
- Verlorene Zeiten
- Verwirrung
- Traurigkeit
- Wut
- Tollpatschigkeit
- Übermäßiges Schlafbedürfnis
- Nervosität
- Albträume
- Intensive Träume
- Appetitlosigkeit
- Interesselosigkeit
- Das Gefühl, nirgendwo dazuzugehören
- Fressattacken
- Frust
- Ein Gefühl von Unwirklichkeit
- Einsamkeit
- Gedächtnisverlust
- Magenschmerzen, Schmerzen in der Brust und andere körperliche Beschwerden
- Konzentrationsschwierigkeiten
- Schwierigkeiten beim Lesen
- Kurze Aufmerksamkeitsspanne
- Rastlosigkeit
- Hyperempfindsamkeit
- Phantomschmerzen
- Schwierigkeiten mit Mitmenschen
- Das Gefühl, nichts hätte Bedeutung
- Das Gefühl, alles hätte eine Bedeutung
- Unfähigkeit, zu weinen
- Taubheit
- Stimmungsschwankungen
- Heulen, bis man sich erbricht oder zu ersticken glaubt
- Alltagsaufgaben scheinen verwirrend
- Schreien im Auto
- Leises Weinen
- Das Gefühl, man wäre ganz anders als alle anderen
- Reizbarkeit
- Das Zurücklassen eines vollen Einkaufswagens im Supermarkt
- Das Gefühl überwältigender Liebe für alles um dich herum.

KÖRPER UND GEIST

Trauer packt den gesamten Körper. Du bist aus gutem Grund so schlapp. Du hältst aus gutem Grund weniger lang durch als früher. Aus gutem Grund kannst du dich nicht konzentrieren, scheinen noch die banalsten Aufgaben anstrengend. Dein Verstand versucht, einen Sinn in etwas zu finden, das keinen Sinn ergibt. Dein Körper versucht, etwas Unbegreifliches zu begreifen. Dein gesamtes System muss auf Hochtouren arbeiten, nur damit du diesen Tag hier durchstehst.

Halte unten fest, wie die Trauer dich körperlich und geistig mitgenommen hat. Du könntest mit den Worten beginnen: »Trauer lebt in meinem Körper ...«

Oder male die Umrisse deines Körpers hin und zeige – mit Wörtern, Zeichnungen oder einer Collage –, wo die Trauer dich getroffen hat. Nimm Wörter oder Farben, um die verschiedenen Symptome anzuzeigen, und zeige mit Pfeilen, wo sie in deinem Körper oder Geist leben.

Wenn du Anstöße brauchst, geh ruhig zurück zu der Symptomliste auf der linken Seite.

WARUM HABE ICH EINE MATSCHBIRNE?

Kognitive Veränderungen bei Trauernden sind ganz normal. Sich erinnern, nachdenken, aufmerksam bleiben – all das erfordert eine Menge Energie, und diese Energie hast du momentan gerade nicht übrig.

Betrachte die Sache folgendermaßen: Sagen wir, du hättest 100 Einheiten Hirnschmalz am Tag. Doch aktuell fressen Trauer, Trauma, Traurigkeit und Einsamkeit 99 dieser Energieeinheiten auf. Ein erbärmliches Prozent, mehr bleibt dir nicht übrig für die banalen Alltäglichkeiten, für das Arrangieren von Fahrgemeinschaften oder die Organisation einer Beerdigung. Außerdem muss dieses eine Prozent deinen Atem antreiben, dein Herz schlagen lassen und dir helfen, Zugang zu deinen kognitiven, sozialen und interpersonellen Fähigkeiten zu finden. Momentan steht eben nicht besonders weit oben auf der Prioritätenliste deines Gehirns, dass der Quirl in die Schublade gehört und nicht ins Eisfach und dass dein Schlüsselbund im Kästchen unter dem Badwaschbecken liegt, wo du ihn hingelegt hast, als vorhin das Toilettenpapier ausging.

Zeichne im folgenden Kuchendiagramm ein, wofür dein Gehirnschmalz gerade draufgeht. Was geht in die 99 Prozent? Wofür verwendest du das restliche eine Prozent?

Trauer beeinträchtigt deine kognitiven Fähigkeiten (etwa das Erinnerungsvermögen und die Länge deiner Aufmerksamkeitsspanne). Akustische Alarme oder beschriftete Haftnotizen helfen dir, wichtige Details besser im Auge zu behalten. Bepflastere notfalls das ganze Haus mit Post-its. Erinnerungsstützen helfen zwar nicht bei der Suche nach dem Schlüsselbund, aber wenigstens vergisst du andere wichtige Dinge nicht.

DER TÄGLICHE NEBEL

Trauerarbeit findet, gerade am Anfang, hauptsächlich in Herz und Kopf statt. Taten kommen erst später. Es ist absolut nicht ungewöhnlich, dass du keinen Schimmer hast, welcher Tag heute ist, oder dich nicht erinnern kannst, wann du zuletzt etwas gegessen hast. Es ist ganz normal, dass ganze Stunden vergehen und du hinterher nicht eine Sache nennen kannst, die du getan hast. (Beunruhigend, oder?) In diesen verlorenen, scheinbar unproduktiven Zeitspannen versuchen Körper und Geist, den Verlust zu verarbeiten. Du bist dann wie benebelt, als würdest du mit offenen Augen schlafen. Dein Verstand klinkt sich aus, damit er heilen kann.

Gegen diesen dicken Nebel kannst du nicht viel ausrichten. Du kannst nur dafür sorgen, dass dein Körper die Zeit möglichst gut übersteht. Iss also genug, schlafe, trinke viel Wasser und bewege dich so viel, wie du schaffst. Das mag nicht beeindruckend klingen, aber mehr bleibt dir nicht. Sorge so gut es geht für dich selbst, im Wissen, dass der Nebel der verlorenen Zeiten sich irgendwann mal lichtet. Gib dich den verlorenen Zeiten hin, lasse sie zu, statt sie zu bekämpfen, und es wird dir ein wenig leichter fallen, die Trauer zu überleben.

Male das Bild auf der folgenden Seite aus und gönne dabei deinem Verstand eine scheinbar unproduktive, in Wirklichkeit aber notwendige Auszeit.

TRIUMPHE: EIN TAG NACH DEM NÄCHSTEN

Dein Kopf versucht, wie der Rest von dir, so gut wie möglich zu funktionieren und schwierige Zeiten zu überstehen. Trauer und der tägliche Nebel lassen deine Produktivität in den Keller rauschen. Wirf dir das bitte nicht vor. Klar hast du früher viel mehr geschafft. Aber diese Person bist du im Augenblick nicht.

Sehen wir uns an, was du heute erreicht hast. Nur heute. Hast du genug Wasser getrunken? Deine Zähne geputzt? Das zählt schon als Sieg. Verleihe dir einen Preis allein fürs Durchhalten. Das ist schon eine große Leistung.

Beschrifte diese Siegeszeichen mit Dingen, die du heute geschafft hast, egal, wie klein sie gewesen sein mögen. Feiere diese kleinen Siege.

ÜBERLEBENSREGELN

Trauer bricht in Leben ein und wirbelt alles durcheinander. Es sind ungewöhnliche Zeiten, und folglich gelten die gewohnten Regeln gerade nicht. Dinge, die ganz einfach schienen, strengen plötzlich maßlos an. Es kostet dich mehr Mühe, einfach den Tag zu überstehen, als du es je für möglich gehalten hättest. Die alten Regeln gelten nicht mehr, es geht ums Überleben. Dafür brauchst du ein neues Regelwerk.

In den ersten Monaten nach Matts Tod folgte ich einer eigenen Liste von Überlebensregeln – Mahnungen, die mir halfen, den Tag oder nur den Augenblick durchzustehen. Hier einige davon:

1. Safety first. Autofahren ist gefährlich, wenn du völlig durch den Wind bist. Siehst du vor lauter Tränen nichts mehr? Dann fahre rechts ran. Fahre überhaupt nicht los, wenn du zu Beginn der Fahrt bereits aufgewühlt bist.
2. Trinke viel Wasser. Monatelanges Weinen entzieht dir echt viel Flüssigkeit.
3. Bewege dich, so oft es geht. Das löst zwar nichts, doch Bewegung fördert häufig den Seelenfrieden.
4. Begib dich ins Grüne. In einer unmenschlichen Welt kann die Natur ungemein beruhigen. Bäumen ist es egal, wenn du weinst.
5. Kümmere dich um etwas. Zupfe Unkraut im Garten. Bürste die Tiere. Schicke jemandem ein Care-Paket.
6. Lies etwas. Manchmal können richtige Wörter die Dinge ein wenig verschieben.
7. Geh unter die Dusche. Wirklich. Du wirst dich danach ein winziges bisschen besser fühlen. Das Gleiche gilt für andere Körperpflegemaßnahmen und sogar für all die mühseligen Putzaufgaben im Haus.
8. Iss etwas, egal, wie wenig. Am besten etwas Gesundes, Kräftigendes.
9. Wende deine Wut nicht gegen dich selbst. Nimm wahr, wenn du wütend bist. Nenne das Kind beim Namen, aber richte die Wut nicht gegen dich selbst!
10. Sage öfter Nein. Sage öfter Ja. Überlege dir, was dich wahrscheinlich aufbaut, und heb den Hintern hoch. Geh aus dem Haus, wann immer du willst. Sag Nein zu Dingen, die dich wahrscheinlich eher erschöpfen oder die dir das Gefühl geben, du müsstest deine Trauer rechtfertigen. Gehe wieder, wenn du dich irgendwo unwohl fühlst.

Doch die besten Regeln stellst du selbst auf, anhand deiner Erfahrungen. Du kennst dich selbst am besten. Schreibe deine eigenen Überlebensregeln in der harschen Wirklichkeit der Trauer hier unten hin. Nimm etwas aus meiner Liste oder denke dir selbst etwas aus. Zeichne ein Chart oder designe deine Liste als Mini-Poster. Mache mit deinem Handy ein Foto deiner Überlebensregeln, dann hast du sie immer dabei. Schau in unerträglich scheinenden Augenblicken auf deine Liste, um dich zu erinnern, was du tun kannst, um sie zu überstehen.

KAPITEL 2

Was, wenn ich mich weigere?

Trauer hat keine Fans. Niemand macht solche Erfahrungen freiwillig. Auch du machst sie nur gezwungenermaßen.

Du kannst nicht ungeschehen machen, was passiert ist, aber du musst in deiner Trauer auch keine Würde beweisen.

Akzeptanz ist ein beliebtes Modewort zum Thema Trauer. Akzeptanz wird angepriesen als das magische Endziel der Trauerarbeit. Von mir aus musst du allerdings gar nichts akzeptieren. Den Verlust überleben, ja. Ihn akzeptieren, nein.

NEIN, NEIN UND NOCHMALS NEIN

In der einschlägigen Literatur heißt es oft, man müsse in seiner Trauer das Positive finden oder zumindest Friede. Ein Großteil der »Trauerhilfe« besteht darin, uns auf die guten Seiten hinzuweisen, auf dass wir die guten Seiten erkennen oder die Angelegenheit durch eine rosafarbene Brille betrachten können. Nun gibt es auch dafür eine Zeit und einen Ort, aber das lässt sich nicht forcieren. Erst einmal musst du dich gegen all das aufbäumen dürfen, was passiert ist. Du brauchst den Raum, um rausbrüllen zu können, wie überwältigend all das ist.

Solange du deiner Weigerung, dich mit der Situation abzufinden, keine Luft verschaffen kannst, wirst du keinen Raum für etwas anderes finden. Unterschätze nie die Macht des Wörtchens »Nein«. In diesen vier Buchstaben steckt so viel Kraft!

Auf der folgenden Seite übst du erst einmal, »Nein« zu schreiben. In winzigen Lettern oder riesengroß. Mach eine Collage. Zeichne den Umriss der Buchstaben und male alles hinein, mit dem du dich nicht abfindest. Schreibe eine Million kleiner »Neins« hin, bis in die kleinste Ecke. Schreibe jedes Nein hin, das raus muss. Gib ihm auf dieser Seite Platz.

PS: Bei dieser Übung kommen möglicherweise einige Dinge hoch. Sobald du die eine Seite vollgeschrieben hast, halte auf der nächsten leeren Seite fest, wie es sich angefühlt hat, Nein zu sagen. Lege danach eine Pause ein. Iss etwas, ruhe dich aus, verschaffe dir so viel Bewegung wie möglich, mache eine Zeit lang etwas anderes.

SAFETY-KUVERT

Oft genug fühlt sich Trauer an wie eine lebenslange Strafe, ohne Aussicht auf Bewährung. Vielleicht fürchtest du dich vor der Zukunft, da es ja keinesfalls ein Happy End geben kann. Doch indem du diese Befürchtungen und Ängste benennst, findest du vielleicht ein wenig Raum darin. Ignorierst du sie jedoch, werden sie immer lauter.

Schreibe auf verschiedene Zettel deine aktuellen Trauer-Befürchtungen und wie dein Leben damit aussehen könnte. Und wie, fürchtest du, könnte die Trauer in Zukunft aussehen?

Weil es sich hier um Ängste und Befürchtungen handelt, dürfen wir sie nicht einfach frei herumlaufen und sich vermehren lassen. Wir müssen eine Balance finden, die Ängste benennen, aber nicht Amok laufen lassen.

Nimm ein leeres Briefkuvert, um deine Ängste darin einzusperren. Verziere es, wie du magst, und klebe es hier auf diese Seite. Male zum Beispiel einen Safe darauf oder eine Schatzkiste mit Schloss oder eine andere Schutzvorrichtung.

Nachdem du das Kuvert hier festgeklebt hast, kannst du deine Ängste aufschreiben und sie dort hineinstecken. Und sobald sich eine neue Angst regt, schreibst du sie nieder und steckst sie in deinen Safe.

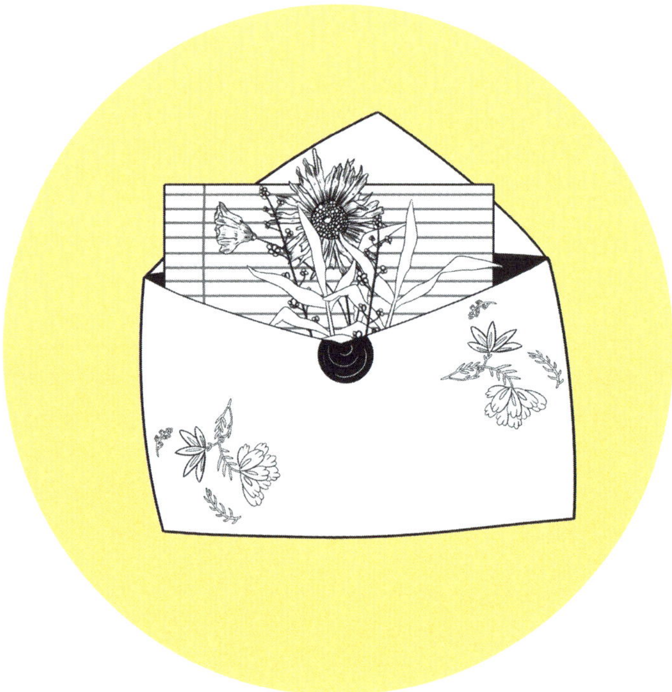

UMSCHLAG HIER FESTKLEBEN.

ICH WILL	ICH WILL NICHT

WAS WILLST DU?

Nun, da du dir gestattet hast, keinen Dampf abzulassen, sondern deine Ängste benannt hast, gibt es einen kleinen Freiraum für die Erkundung, was du für dich selbst willst und nicht willst. Vielleicht glaubst du, du wolltest nur diese eine Sache, die du nicht haben kannst, aber vielleicht willst du ja daneben noch etwas (nicht), während du diesen Verlust verarbeitest.

Schreibe die Dinge, die du willst bzw. nicht willst in die obige Tabelle. Du darfst Gefühlszustände hinschreiben, Handlungen oder Erfahrungen. Auf die »Ich will«-Seite könntest du beispielsweise schreiben »mich unterstützt fühlen« oder »Zeit, um mich zu sortieren«. Auf der »Ich will nicht«-Seite könnte stehen »das Gefühl, gehetzt zu werden«.

Stelle einen Timer und schreibe dann zehn Minuten lang. (Auch länger, wenn du magst!)

EIN HEIMLICHER BLICK AUF DIE ZUKUNFT

Schaue in die Tabelle, die du für die letzte Übung ausgefüllt hast. Sie bietet dir einen winzigen Blick auf deine aktuelle innere Landkarte. Was siehst du dort? Welche Dinge willst du für dich? Was baut dich auf, hilft dir, scheint dir nötig?

Male unten ein kleines Bild oder erstelle eine kurze Liste von Dingen, die du dir jetzt, in deiner Trauer, für dich wünschst.

Mache mit dem Handy ein Foto davon und trage es immer bei dir. Du kannst dir sogar Alarme einstellen, die dich regelmäßig daran erinnern sollen, das anzustreben, was du willst, und dem aus dem Weg zu gehen, das du lieber vermeidest.

KAPITEL 3

Mit ein bisschen – realer oder vorstellbarer – Hilfe über die Runden kommen

Die emotionale Hauptarbeit dieses Verlusts musst du natürlich selbst leisten. Doch ganz ohne Unterstützung schaffst du es nicht.

In manchen Fällen sind Freunde und Angehörige eine wunderbare Hilfe. Mitunter aber scheinen sich plötzlich alle in Luft aufzulösen. Viele Trauernde erleben eine Mischung aus beidem. Selbst mit der besten Unterstützung fühlt man sich in seiner Trauer manchmal unendlich einsam. Deshalb braucht man ein möglichst breites Sicherheitsnetz. Trauer zu überleben, ist eine Langstrecke und erfordert eine Teamanstrengung.

DIE GALERIE DEINER VERBÜNDETEN

Beginnen wir mit dem Positiven. Wenn Trauer die ganze Welt in Finsternis taucht, muss man wissen, an wen man sich halten kann – wer für einen da ist, emotional und ganz konkret.

Fülle die Blumenkränze auf diesen Seiten mit Zeichnungen oder Fotos deines Hilfsteams: Freunde, Angehörige, Tiere, Therapeuten und andere Profis. Vielleicht kennst du die Menschen seit Ewigkeiten, vielleicht traten sie gerade erst in dein Leben. Das ist die Galerie deiner Verbündeten. Es ist schon ein guter Anfang, wenn du nur einen Kranz füllen kannst.

MENTOREN BORGEN

Trauernde haben oft das Gefühl, niemand würde sie verstehen. Die Welt fühlt sich dann sehr leer an. Dabei gibt es mehr als genug Menschen, die aus eigener Erfahrung wissen, wie es dir geht. Hier sind ein paar aufmunternde Worte von solchen Menschen, denen du sicher noch nicht begegnet bist. Sie alle haben an meinen Seminaren teilgenommen, sie alle haben einen Verlust erlitten und schicken dir ihre besten Grüße.

Wie schnell wir lernen, einander zu bemuttern! Unsere Verluste sind zu groß, als dass wir sie allein tragen könnten. Wie können wir uns auf jene stützen, die nie waren, wo wir gerade sind: In der Wüste der Verzweiflung, in der harschen Wildnis der Trauer sind wir Weggenossen. Unser Weg fällt uns leichter, weil wir ihn teilen. Wie könnte ich dich nicht lieben? Ich wünsche dir Frieden. Ich wünsche dir lichterfüllte Tage. Wenn wir uns doch nur umarmen könnten ...

In Liebe, Ann

Wisse, dass du gesehen und geschätzt, unterstützt und geliebt wirst, durch alle schwierigen Augenblicke, durch jeden Tag hindurch.

In Liebe, Julia

Ich wünsche dir Tage ohne blöde, Übelkeit verursachende Kommentare, nach denen du dich verurteilt, geohrfeigt fühlst. Ohne sensationell instinktlose Kommentare, nach denen du dich noch schlechter fühlst. Ich wünsche dir einen Gefährten in deinem Krater, der schweigt, herumalbert oder lästert – je nachdem, was du gerade brauchst. Ich wünsche dir eine volle Nacht Schlaf, ohne Panikattacken und Flashbacks und plötzliches Hochfahren in der Finsternis. Ich wünsche dir Schlaf, voller Träume von Liebe und Gnade, neben deinem vermissten Menschen; Träume, die dich tragen, dir Auftrieb geben, bis du dich selbst wieder findest.

In Liebe, Nancie

Ich wünsche dir die Sicherheit, den zarten Ort zu finden, wo Liebe für diejenigen brennt, die du fühlen, aber nicht sehen kannst. Ich sehe dich von endlosem Mitgefühl umgeben, beginnend mit dem Mitgefühl, das du dir selbst entgegenbringst.

In Liebe, Steven

Ich wünsche dir, dass du an jenem Ort, an den du unfreiwillig gezwungen wurdest, Menschen findest, die dich nicht nur verstehen, sondern wirklich nachvollziehen können, was es heißt, das Herz mitten entzweigeschlagen zu bekommen. Ich hoffe, du findest Gefährten, deine ganz eigene Trauergarde, die dich schützt, ermutigt und verteidigt.

In Liebe, Hayley

Ich wünsche dir Geduld mit dir selbst. Möge dir auch deine Umwelt ein wenig Geduld entgegenbringen! Ich wünsche dir Schmetterlinge, Libellen, leichten Lufthauch, Augenblicke des Friedens – vor-

übergehende und dauerhafte. Ich wünsche dir all die Zeichen, nach denen du suchst. Ich suche auch danach.

In Liebe, Mary

Wenn die Trauer dich auffrisst, das Leben jede Bedeutung und Schönheit verloren hat, wenn es unmöglich scheint, einen Schritt vorwärts zu tun: Möge da Licht sein, und sei es nur das matteste Schimmern in der Dunkelheit. Mögen tröstende Arme dich umfangen, freundliche Schritte dich begleiten und mitfühlende Ohren dich anhören. Mögest du wissen, dass du nie wieder allein sein wirst und dass es zumindest eine Familie von Menschen gibt, die dich versteht. Obwohl wir uns vielleicht nicht »kennen«, verstehen wir einander doch. Wir sind hier. Du wirst so geliebt.

In Liebe, Tamara

Ich wünsche dir die Anwesenheit eines Menschen, der neben dir geht und in irgendeiner Form deine Bürde erleichtert. Eine freundliche Seele, die die Wahrheit in deinen Augen sieht und fragt, wie es dir geht – nicht nur heute, sondern auch nächste Woche, nächstes Jahr und in zwanzig Jahren. Sanfte Hände, die dein Herz behutsam und zärtlich halten. Ohren, die geduldig deiner Wahrheit zuhören, ohne zu urteilen.

In Liebe, Sarah

Mögen die Bäume deiner Baumgruppe dich liebend umfassen und dich in ihren eleganten Armen festhalten. Das sind die mitfühlenden Seelen, das Antlitz der natürlichen Güte. Mögen sie von deinen Vorlieben, Sorgen und Freuden erfahren!

In Liebe, Michelle

Das Herz öffnet sich voller Traurigkeit. Ich sehe deinen Verlust, deine Trauer. Doch mehr noch: Ich sehe dein Herz auf dieser Seite hier. Ich sehe dein Herz, und meines öffnet sich deinem.

In Liebe, Mary

Wie sehr wünsche ich mir, ich könnte dich umarmen! Ich weiß, körperlich geht das nicht, ich kann dir nur anbieten, dich so gut wie möglich in meinem Herzen und meiner Seele zu umarmen. Möge der Raum zwischen uns und um uns mit Liebe und Mitgefühl gesegnet sein.

In Liebe, Suzanne

Mögest du in Zeiten, da du unsicher schwankst, festen Boden unter dir spüren. Möge dich die Kuppel eines sternenübersäten Nachthimmels in Zeiten überwölben, da du dir verlassen und allein vorkommst. Mögest du auf die Sonne am Horizont blicken, in Zeiten, da du daran erinnert werden musst: Es liegt noch Leben, wenn auch ein anderes, vor dir. Möge das Strömen des Flusses Richtung Ozean dich mahnen, dass die Reise ganz allein deine ist. Du musst deinen Weg finden und ihm folgen. Es liegt allein an dir, einen Sinn zu finden, durch deine Entscheidungen, in deinem Tempo. Mögest du dich zu Hause fühlen, im Inneren und Äußeren.

In Liebe, Alison

WÖRTER SIND ENGE FREUNDE

Manchmal sind Wörter, nicht Menschen, die besten Verbündeten. Sammle auf dieser Seite Zitate, die du hilfreich oder bedeutsam findest.

DEIN TRAUER-VORBILD: FINDE DEINEN LEITSTERN

Trauern ist hart, selbst mit den besten Freunden und hilfreichsten Angehörigen.

Diesen Verlust hast du noch nie erlebt. Woher sollst du wissen, was zu tun ist? Woher weißt du, was möglich ist, wie du ohne den geliebten Menschen leben sollst?

Insbesondere, wenn die Trauer dir jede Orientierung raubt (und deine Umwelt nur will, dass du sie endlich überwindest), brauchst du einen Leitstern, jemanden, der seine Trauer auf eine Weise lebt, die du bewunderst.

Trauer ist überall. Es gibt Tausende Erfahrungen und Millionen Beispiele, wie Menschen mit ihr leben. Sieh dich um. Siehst du Menschen, die ihre Trauer auf eine Art leben, die dich ermutigt oder inspiriert? Vielleicht handelt es sich um einen persönlichen Bekannten, vielleicht um einen Prominenten. Selbst ein fiktionaler Charakter kann als Vorbild dienen.

Schreibe in die unten stehenden Zeilen etwas über dein Vorbild. Inwiefern hat dich diese Person beeinflusst? Was scheint möglich angesichts dessen, wie sie ihre Trauer lebt?

Es kann schwierig sein, ein Vorbild zu finden. Solltest du keines haben, schreibe darüber, wie es sich anfühlt, keines zu haben. Auch das ist wichtig.

EXTRAHILFE: ERFINDE EINEN GANZ PERSÖNLICHEN SCHUTZPATRON

Selbst die hilfreichsten Menschen sind nicht rund um die Uhr verfügbar, und manchmal überblicken selbst deine liebsten Mitmenschen nicht, was du alles brauchst. Da ist es toll, wenn man einen fiktiven Helfer in Rufbereitschaft hat.

Zeichne auf der nächsten Seite deinen Fantasie-Schutzpatron (oder mache eine Collage). Beginne mit einem echten Menschen, dann füge Elemente von Tieren, Bäumen oder sogar Landschaften ein, etwa Flüsse und Berge. Alles, was dir hilfreich erscheint. Lasse deiner Fantasie freien Lauf – oder bleibe ganz bodenständig, wie du magst.

Diese Schöpfung könntest du deinen »Schutzpatron in der Trauer« nennen oder deine »Trauer-Feen-Patin«. Fotografiere diese Seite mit deinem Handy, damit du diesen Mentor oder diese Mentorin immer bei dir trägst. (Die Rückseite sollte leer bleiben, damit nichts durchscheint.) Mache Fotokopien in verschiedenen Größen. Laminiere sie. Fertige vielleicht eine Stabpuppe daraus. Es ist dein Schutzpatron, gestalte und verwende ihn also, wie es dir passt. (PS: Das mag sich albern anfühlen, aber es kann unglaublich hilfreich sein, einen eingebildeten Verbündeten zu erfinden. Probiere es aus.)

KAPITEL 4

Der Blick nach innen

Trauer selbst ist ein heiliger Ort, wenn auch nicht notwendigerweise ein »guter« Ort. Aber auch nicht unbedingt ein »schlimmer« Ort. Jedenfalls ein Ort, der getrennt vom normalen Leben existiert. Du überschreitest eine Schwelle, sobald du die Trauer betrittst. An diesen Ort gelangt nicht jeder, selbst wenn er dich dorthin begleiten möchte.

DIE LANDSCHAFT KARTIEREN

In der Trauer kann die Welt sehr klein werden. Zeit, Raum, Liebe, Distanz – sie schaffen eine einzigartige Landschaft.

Wie sieht die Karte deiner inneren Welt aus? Was sind die prägnantesten Landmarken? Welche Gestalt hat die Geografie deines Herzens und deines Geistes?

Eine Landkarte deiner Trauer kann dir helfen, dich in dieser neuen Welt zu orientieren. Zeichne auf der nächsten Seite markante Punkte, Orte von Interesse, gefährliche Stellen und Orte der Begegnung oder Verbindung ein. Vergangenheit, Gegenwart und Zukunft – alles darf in dieselbe Karte.

Hier zum Beispiel meine Trauer-Landkarte:

Zeichne eine Landkarte deiner Welt, wie du sie siehst. (Vergiss nicht: Du brauchst dich nicht an die Regeln der physischen Welt gebunden zu fühlen.)

Wie andere mich sehen

Wie ich mich wirklich fühle

Wie ich mich gern fühlen würde

VERSCHIEDENE BLICKWINKEL

Nichts provoziert so viel unerbetene Ratschläge wie Trauer und Verlust. Hast du einen schweren Tag? Dann tröstet dich bestimmt jemand, alles sei nicht so schlimm. Fühlst du dich ganz besonders traurig? Dann weiß jeder ein Patentrezept, wie du wieder fröhlicher werden könntest. In ihrer Ahnungslosigkeit machen Menschen sich ein völlig falsches Bild davon, wie du dich fühlst und wie du deine Zeit verbringst.

Wahrscheinlich siehst du dich in deiner Trauer ganz anders, als deine Umgebung dich wahrnimmt.

Folge dem obigen Beispiel und erstelle eine Reihe von Porträts, um die verschiedenen Blickwinkel zu erkunden. Du kannst zeichnen, malen, collagieren – wie es dir gefällt.

ENTSCHULDIGUNG, ICH STEHE NEBEN MIR

In den ersten Wochen und Monaten des Trauerns fällt es dir vielleicht schwer, »normal« zu wirken. Etwa wenn die Frau an der Kasse routinemäßig fragt, wie es dir geht, und du in Tränen ausbrichst. Oder du willst die Parkgebühren bezahlen, schaffst es aber einfach nicht, die richtigen Münzen aus dem Geldbeutel zu fischen. Du möchtest allen erzählen, warum du dich so merkwürdig benimmst, aber dir fehlen die Worte. Manchmal ist es unmöglich, Dinge laut auszusprechen. Verwende für solche Situationen die Sticker auf der nächsten Seite. Hefte sie an deine Jacke oder die Rückseite deines Handys – wo auch immer es sich richtig anfühlt.

So machst du die Sticker:

- Schneide die nächste Seite an der gestrichelten Linie aus.
- Lege eine Seite mit ganzseitigem Klebeetikett in deinen Drucker mit Kopierfunktion bzw. lass dir das im Copyshop erledigen. Klebeetiketten für den Drucker bekommst du in Läden für Büromaterial oder online.
- Schneide dann die Sticker aus.

Bitte entschuldigen
Sie mein Verhalten.
Ein geliebter Mensch
ist gestorben und ich
stehe neben mir.

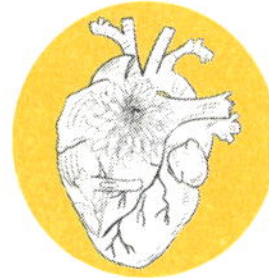

Sie dürfen mich
ruhig fragen, wie
es mir geht.

Ich versuche gerade
nur, es irgendwie
durchzustehen.

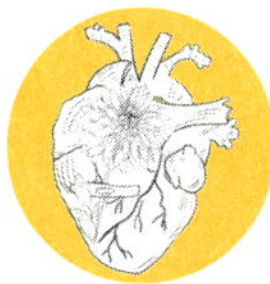

*Fragen Sie mich
nicht, wie es mir
geht. Das kann ich
im Augenblick nicht
beantworten.*

Vielleicht fange
ich zu weinen an.
Das ist okay.

Ein geliebter
Mensch ist
gestorben und ich
stehe neben mir.

*Es ist wirklich
so schlimm.*

DER TRAUER EINE STIMME VERLEIHEN

Würdest du einen Roman schreiben, würdest du die Stimme deiner Hauptfigur kennen wollen. Du würdest wissen wollen, wie sie geht, was sie isst, wie sie sich die Haare kämmt bzw. nicht kämmt. Sie müsste real wirken. Deine Trauer ist so eine Hauptfigur: Sie hat einen Rhythmus und eine Stimme. Sie ist dir ganz eigen.

Da wir mit der Trauer arbeiten werden, sollten wir herausfinden, wie sie tickt.

Indem wir die Trauer personifizieren, geben wir ihr eine Stimme – sodass sie uns etwas über sich verrät.

Schließe deine Augen. Atme ein paarmal. Nimm deinen Stift. Atme noch einmal ein und während du ausatmest, frage deine Trauer:

Wer bist du?

Und dann warte.

Siehst oder spürst du ein Bild? Ein Wesen, eine Kreatur, eine Person? Beschreibe, was du siehst. Erzähle nicht du etwas, sondern lasse deine Trauer selbst sprechen. Schreibe in ihrer Stimme.

(Wenn du nicht weiterkommst, schreib etwas anderes, das heißt, erfinde einfach etwas. Spiele mit der Übung und schau, was passiert. Lass dir mindestens zehn Minuten Zeit zum Schreiben.)

Nachdem deine Trauer aus ihrer Perspektive erzählen durfte, male oder zeichne nun ein Bild ihres Charakters auf dieses Blatt (eine Collage ist natürlich auch okay).

Wenn du magst, kannst du ein Foto deines Trauer-Charakters machen und unter dem Hashtag #griefpersonified in den sozialen Medien hochladen. Hier triffst du auf Menschen in deiner Situation, die ebenfalls lernen, ihre Trauer zu ertragen (und mit ihr zu sprechen). Einen Link dazu findest du im Anhang.

KAPITEL 5

All das schmerzt

Trauer tut weh. Wir können kreative Wege finden, uns vertrauter mit ihr zu machen, aber trotzdem wird sie schmerzen. Irgendwann wirst du verstehen, dass die Trauer an sich kein Problem darstellt, das gelöst werden müsste – und fragst dich dann bang, ob du jetzt den Rest deines Lebens mit diesen Schmerzen leben musst.

Nun, nein. Aber ... Es gibt einen Unterschied zwischen Schmerz und Leid. Schmerz ist eine gesunde, normale Reaktion darauf, dass ein geliebter Mensch (oder jemand, das dir sehr am Herzen lag) aus deinem Leben gerissen wurde. Schmerz tut weh, was aber nichts Schlechtes ist. Der Schmerz bleibt genau so lange, bis er nachlässt. Wann das ist, entscheidet er ganz allein.

Leid hingegen ist etwas anderes. Unter Leid sind all die zusätzlichen »Leiden« zu verstehen, die alles noch schlimmer machen. Diese Leiden müssen erstickt oder gestoppt werden, sonst wachsen sie immer weiter an, zu einem Sturm der Qual.

Folgendes kann dir z. B. »Leiden« verursachen:

- das Gefühl, in deinem Schmerz abgelehnt oder nicht unterstützt zu werden
- Werturteile und Ratschläge zu deinem Trauerprozess (typischerweise negativ und unerbeten)
- die Anwesenheit schädlicher, nicht hilfreicher und anstrengender Menschen
- übertriebene Selbstzweifel
- das Verleugnen deiner wahren Gefühle
- Schlaf- oder Nahrungsmangel
- Selbstvorwürfe, weil du das Geschehene nicht verhindert hast
- alles außer dem eigentlichen Schmerz des Verlusts, was dich erschöpft, auslaugt oder ärgert.

Den Schmerz deines Verlustes kann niemand lindern. Doch die Leiden sind, zumindest großteils, selbst gewählt. Sehr oft lassen sie sich verhindern oder mildern, doch dazu musst du lernen, sie zu erkennen.

DATUM & UHRZEIT	WAS ICH TAT	MIT WEM	SO FÜHLTE ICH MICH VORHER	UND SO HINTERHER

SPURENSUCHE

Um dein Leid verringern zu können, musst du erst herausfinden, was es verursacht. Dafür musst du Daten sammeln. Deine Begegnungen zu analysieren mag dir vielleicht ein bisschen arg klinisch-kühl erscheinen, aber dieses Procedere kann dir sehr dabei helfen, deine Leidensfaktoren zu identifizieren und dein Leid im nächsten Schritt zu verringern.

Denn kaum fängst du an, deine Tagesabläufe systematisch zu notieren, werden dir ein paar Regelmäßigkeiten auffallen. Aus dem Gewirr des Alltags kristallisieren sich vielleicht einige einfache Gleichungen heraus, wie z. B.: Ich schlafe besser, nachdem ich abends noch spazieren gegangen bin. Wow, nach jedem Treffen mit X bin ich hinterher total wütend.

Führe eine Woche lang Logbuch und halte fest, wie du dich während des Tages an verschiedenen Orten und in verschiedenen sozialen Situationen fühlst. Verzeichne, wen du triffst, wie viel du schläfst, was du isst (bzw. nicht isst) und wie du deine Zeit verbringst. Du brauchst nicht zu sehr ins Detail zu gehen, breite Pinselstriche verraten oft ebenso viel wie winzige Kleinigkeiten.

Vergiss auch nicht, festzuhalten, was dir geholfen hat, dich ruhig oder gelassen zu fühlen. Insbesondere in der Frühphase der Trauer wird das wohl nur selten passieren, doch es wird Augenblicke geben, in denen du dich stabiler, zuversichtlicher oder nachsichtiger dir selbst gegenüber fühlst. Wenn dir etwas auffällt, das sich weniger schlimm anfühlt (in der anfänglichen Trauer) oder, irgendwann, vielleicht sogar ganz gut (wann auch immer das passiert), dann trage es ebenfalls in dein Logbuch ein.

Analysiere die Fakten

Sieh dir die Ergebnisse an, nachdem du ein paar Tage lang deine Interaktionen und Gefühle festgehalten hast. Gab es wiederkehrende Situationen oder bestimmte Menschen, die dich regelmäßig runtergezogen haben? Wenn ja, kannst du darauf reagieren: Zeigt dein Logbuch z. B., dass dich die Treffen mit X regelmäßig auf die Palme gebracht haben, verweist das auf Leid, das du leicht aus deinem Leben tilgen kannst, indem du den Kontakt zu X abbrichst.

Natürlich lässt sich nicht alles vermeiden, was vorhersehbar Leid auslöst. Bleibt dir aber eine Wahl, dann gehe bewusst den Faktoren aus dem Weg, die dein Leid vermehren. So vermeidest du erstens zusätzliche, unnötige Schmerzen, außerdem bleibt dir mehr Energie, um dich um deinen eigenen Schmerz zu kümmern.

Schreibe auf die folgende Seite alle Folgerungen, die du aus dem Protokoll deiner Tage ziehst. Achte vor allem auf die Faktoren, die dir Leid verursachen, die du aber leicht abstellen könntest.

LEIDEN IM SUPERMARKT

Da wir schon mal beim Leid sind, können wir auch gleich über Supermärkte reden. Lebensmittelläden sind für Trauernde die schlimmsten Orte überhaupt. Falls dir der Grund dafür nicht sofort einfällt, sage ich nur: Denk an all die Dinge, die du für deinen geliebten Menschen nicht mehr einkaufst.

Um dich herum siehst du lauter gesunde »intakte« Familien. Es läuft Dudelmusik, die wohl darauf ausgerichtet ist, dass du in Tränen ausbrichst. Und ständig begegnest du Bekannten, die finden, jetzt sei der richtige Augenblick, dich mit intimen und persönlichen Fragen zu deiner Trauer zu löchern – während du nur versuchst, Milch und Bananen einzukaufen und schnell wieder nach Hause zu kommen.

Um dich für diese Szenen besser zu wappnen, beschäftige dich mit solch einer Supermarkt-Situation. Auf der folgenden Seite findest du eine gemalte. Male diese Seite aus und lass dir Zeit beim Ausmalen. Wenn du magst, darfst du auch Sprechblasen mit Sätzen einfügen, die du im Supermarkt nicht ausstehen kannst oder gern hören würdest.

Obwohl jeder auf seine Weise trauert, gibt es doch einige allgemeine Indikatoren dafür, ob jemand sich gut oder weniger gut schlägt (also leidet). Schau dir die Zeichen an dieser Straßenlaterne an; der Unterschied wird dir sofort auffallen. Vergiss nie: Vielleicht schlägst du dich prima in deiner Trauer, auch wenn es grässlich schmerzt.

HINWEISE, DASS DU LEIDEST

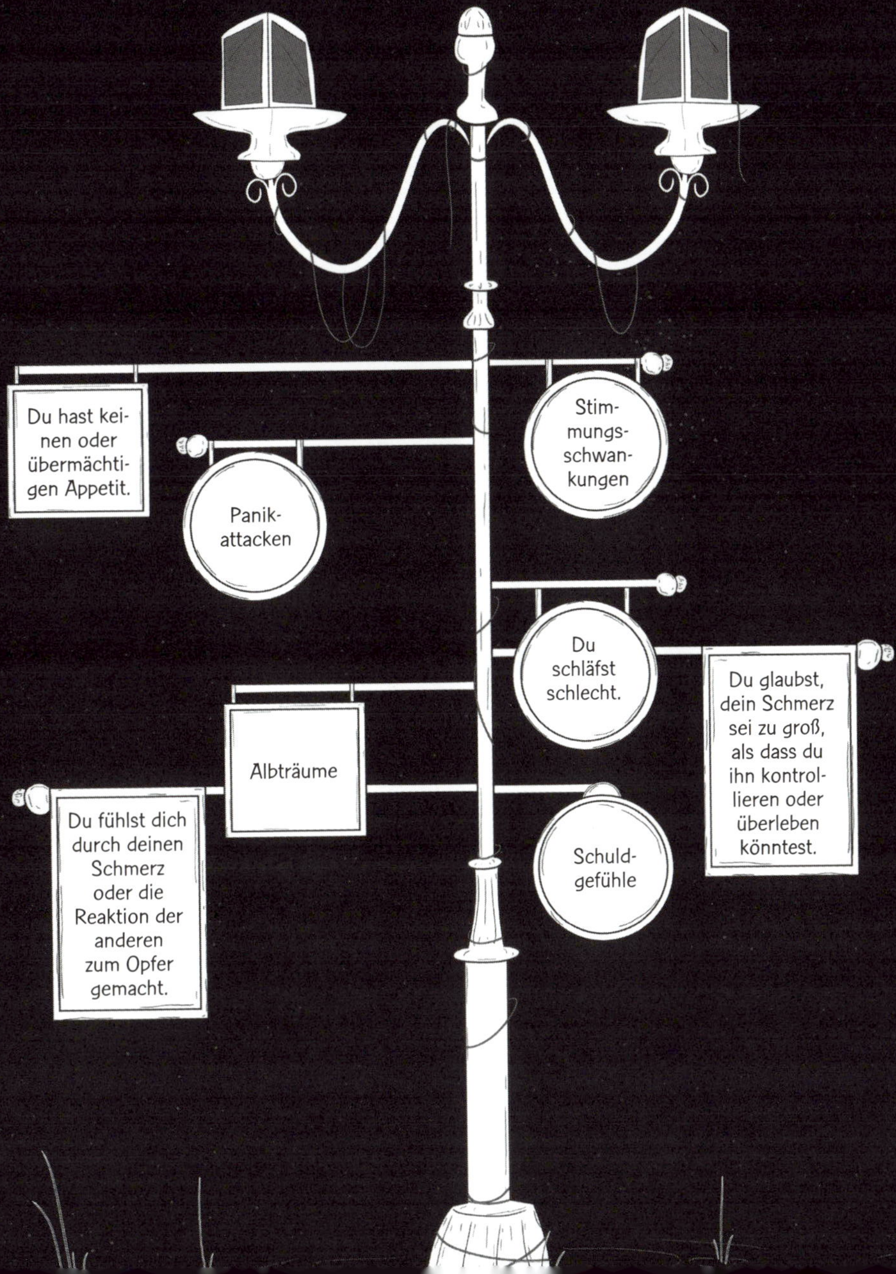

Jetzt bist du dran. Erkunde, wie du dich in deiner Trauer schlägst. Schreibe an die eine Straßenlaterne, inwiefern du echt leidest (weil du beispielsweise schlecht schläfst, dich oft sehr gereizt fühlst usw.). Schreibe an die andere Straßenlaterne, was anzeigt,

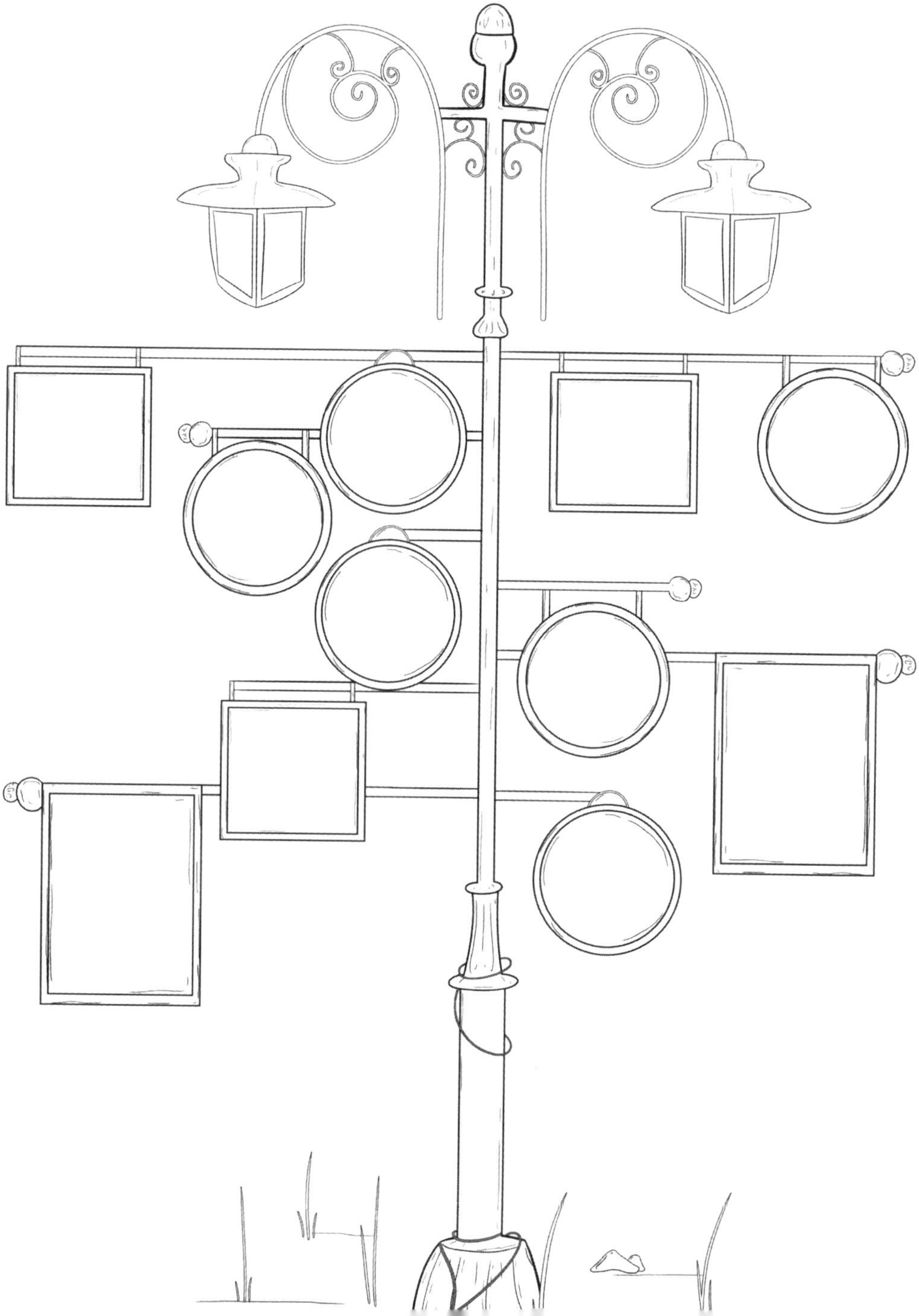

dass du dich gut um dich kümmerst (z. B. Du fühlst dich ausgeruht, lässt kleine Ärgernisse an dir abperlen usw.). Zur Anregung kannst du dir frühere Abschnitte dieses Kapitels noch einmal ansehen.

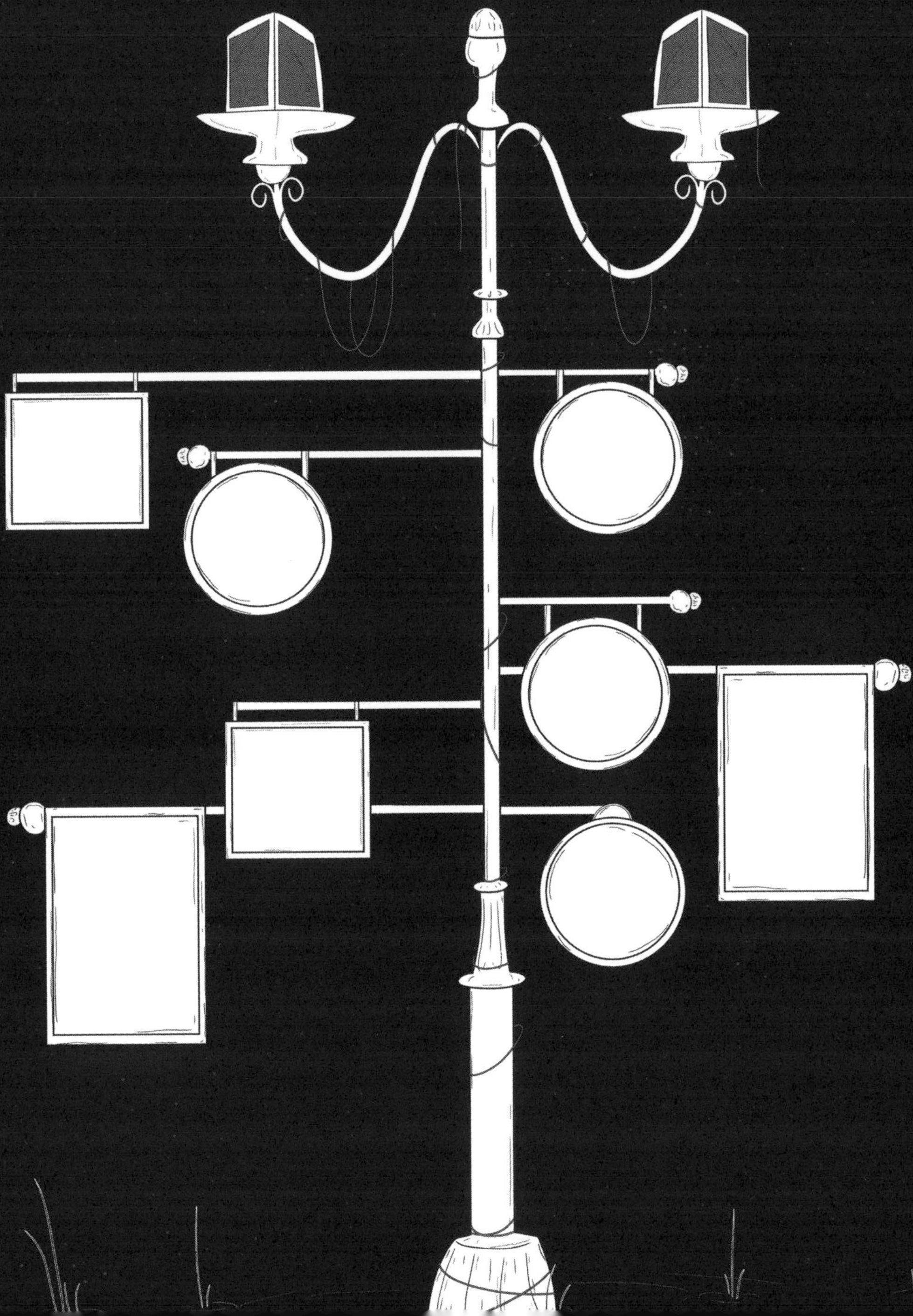

ERINNERE DICH AN LEIDENSFAKTOREN

Egal, wie oft Schmerz und Trauer schon Teil deines Lebens waren – diese Trauer ist wie keine andere. Gib dieser Erfahrung den Raum, sich zu entfalten, und pflege den Schmerz, wie es ihm gebührt.

Nutze das neu gewonnene Wissen aus diesem Kapitel, um dich bewusster von Leid fernzuhalten und dein Wohlbefinden zu fördern. Dadurch kommt zwar nicht plötzlich auf magische Weise alles in Ordnung, aber du machst dir das Leben doch erheblich leichter.

Als Erinnerungsstütze dafür, was dir tatsächlich in deiner Trauer hilft, wähle für dich fünf Dinge aus der ersten Übung des Kapitels, die dich ruhiger machen oder stabilisieren – oder zumindest nicht dafür sorgen, dass du dich noch schlechter fühlst. Schreibe sie unten noch einmal hin. Zeichne Girlanden drum herum, dekoriere die Seitenränder oder male etwas hinzu. Gestalte deine Liste ansprechend und ermutigend. Und schreibe ruhig noch mal deutlich dazu, dass diese Dinge helfen. Mach mit dem Handy ein Foto deiner gestalteten Liste und trage sie ständig mit dir herum. So hast du immer ein paar Anregungen zur Hand, wenn das Leben sich schrecklich anfühlt und du nicht weißt, was du tun sollst.

Versuche, nach Wohlbefinden zu streben und Leid wo immer möglich zu vermeiden. Schon das hilft.

TEIL 2

(Eine Art) ABENTEUER

KAPITEL 6

Der steinige Weg vor dir

Der Umgang mit Trauer wird nicht irgendwann plötzlich einfacher. Die Arbeit, die du dabei verrichtest, gestaltet sich schmerzhaft und zäh. Nichts geht wie von selbst. Die Schwierigkeit besteht darin, präsent zu bleiben, in deinem Herzen, für dein Herz und dein innerstes Ich, obwohl – und gerade wenn – dieses Ich Schmerzen leidet.

Nun, da wir die Trauer grob vermessen haben, wollen wir uns in einige schwierige Themen stürzen.

Trauer hat unschöne Nebenwirkungen: Angstzustände, ständig wiederkehrende Bilder, das Gefühl, die eigenen Gefühle ließen sich nicht mehr beherrschen (auch bekannt als »Emotionale Überwältigung«), Schlafstörungen und vieles mehr.

Angstzustände sind für Trauernde ein Riesenproblem, fangen wir also damit an.

VERSTECKE DEINE ANGST NICHT!

Viele Menschen schämen sich ihrer Angst, wohl weil sie glauben, sie sollten jederzeit fähig sein, sich selbst zu beruhigen und gelassen zu bleiben, es aber nicht (immer) schaffen und deswegen Angst haben. Klingt das vertraut? Kennst du die Versuchung, deine Ängste unter den Teppich zu kehren?

Leider ist das kein bisschen hilfreich. Versteckte Angst drängt immer ans Licht, sie schlägt sich auf dein geistiges Wohlbefinden und deine Beziehungen nieder. Wir können unsere Ängste nur sehr schwer verbergen – irgendetwas verrät sie immer.

Aber: Ängste sind ganz normal! Sie sind ein Ausdruck dafür, dass dein Gehirn versucht, die Welt nach einem Verlust neu zu ordnen. Bitte begegne dir – und insbesondere den ängstlichen, angsterfüllten, völlig verschreckten Teilen deines Geistes – mit Liebe und Respekt. Tröste dein schuftendes, überarbeitetes Gehirn so gut es nur geht. Gestehe dir deine Ängste ein.

Falls es auf dich zutrifft, schreibe in die folgende leere Zeile: »Die meisten Menschen ahnen nicht, wie oft ich mich fürchte.«

Und jetzt?

Atme einmal tief ein und aus.

Dann halte in der folgenden Leerzeile in ein paar Worten fest, wie es sich anfühlt, »laut« zu seiner Angst zu stehen.

Erweise deiner Angst Respekt!

Angst ist eine Information. Sie verrät dir, dass du dich bedroht fühlst. Sie verrät dir, dass du dir Sorgen über deine Zukunft machst. Sie verrät dir, dass dir etwas über den Kopf wächst. Sie verrät dir, dass du dich überwältigt fühlst.

Was sie allerdings nicht kann: die Realität abbilden. Nur weil eine mögliche Entwicklung dir Angst macht, tritt diese dadurch nicht mit größerer Wahrscheinlichkeit ein. Die Angst bewirkt nur, dass du dich schrecklich fühlst, während du auf ein Ergebnis wartest.

Trotzdem solltest du deiner Angst danken. Gestalte ihr doch eine Danksagungskarte!

Vielleicht siehst du deine Angst ja in einem anderen Licht, sobald du sie als Hinweis darauf betrachtest, dass dich etwas stresst, anstatt als Unheilsbotin. Betrachte es als Experiment, dich bei ihr zu bedanken. Danke deiner Angst dafür, dass sie dir zeigt, wenn du das Leben als überwältigend und unberechenbar wahrnimmst. Danke deiner Angst dafür, dass sie dir die Gelegenheit gibt, Schutz und Trost zu suchen, dich zurückzuziehen und herunterzuschalten. Danke ihr für die Erinnerung daran, dass es total okay ist, Angst zu haben.

Also ja, ich meine es ernst: Bedanke dich in den folgenden freien Zeilen bei deiner Angst. Du musst nicht einmal daran glauben, dass das hilft. Probiere es nur einfach aus.

Dein Angst-Logbuch

Wenn Angst für dich ein brennendes Thema ist, solltest du sie vielleicht eingehender erkunden. Schon das Wissen, wann und in welchen Situationen du Angst hast, hilft schon, sie abzumildern. Es tröstet dich in den Augenblicken, wenn du Angst verspürst.

Um herauszufinden, was Ängste in dir auslöst, kannst du anfangen, die Umstände bzw. Situationen aufzuschreiben, die deine Ängste fördern. Ebenso wichtig ist es, festzuhalten, was an Tagen passiert ist, an denen du dich weniger oder gar nicht ängstlich gefühlt hast. Was war an jenen Tagen anders?

DATUM UND UHRZEIT	AUSMASS DER ANGST	WAS MACHTE ES SCHLIMMER?	WAS MACHTE ES BESSER?

Muster erkennen

Sobald du ein paar Tage dein Angst-Logbuch geführt hast, sieh dir an, ob Themen, Situationen, Umstände etc. immer wiederkehren. In vielen Menschen steigt das Angstniveau, wenn sie übermüdet sind, nicht gut essen oder mit verschiedenen Problemen gleichzeitig ringen.

Findest du ein Muster in deiner Angst? Wann spürst du sie stärker? Folgen die Tage, an denen du dich besser fühlst, einem Muster?

Schreibe hier die Dinge hin, die dir aufgefallen sind:

Angst-Selbsthilfe

In Zeiten, in denen man sich sowieso schon ausgelaugt und angsterfüllt fühlt, fällt es einem schwer, sich Selbsthilfemaßnahmen auszudenken. Trotzdem: Schau dir die zwei letzten Übungen noch einmal an und nutze, was du über dich herausgefunden hast. Schreibe jetzt eine kurze Liste mit Vorhaben, die du tun kannst, um dir selbst zu helfen, wenn du die Angst in dir hochkriechen fühlst. Markiere diese Seite mit einem Lesezeichen oder fotografiere sie mit deinem Smartphone.

STÄNDIG WIEDERKEHRENDE GEDANKEN UND BILDER

Der menschliche Geist ist wirklich *großartig* darin, sich Katastrophenszenarien auszumalen und schreckliche Ereignisse immer wieder durchzugehen. In der Trauer sind solche Gedanken völlig normal, du kannst ihnen auch nicht einfach befehlen zu verschwinden. Solche ständig wiederkehrenden Gedanken steigern oft auch das Angstniveau. Die einzige Abhilfe besteht darin, dass du diese Gedanken oder Bilder durch andere ersetzt.

Gestalte auf der folgenden Seite ein Ersatz-Bild, das du dir jederzeit vor Augen halten kannst, wenn die Bilder oder Gedanken in deinem Kopf zu intensiv werden. Wähle ein Bild, das du immer wieder verwenden kannst. Es könnte eine tröstende Landschaft sein (mehr dazu im nächsten Kapitel) oder ein Bild, wie ein geliebter Mensch dich hält und beschützt. Wichtig ist hier nicht das Bild selbst, sondern die Wirkung, die es auf dich hat. Nimm ein Bild, das dich beruhigt und erdet.

Es ist schwer, deinen Geist von all den angsterregenden Gedanken und Bildern abzulenken. Denn leider ist Angst sehr überzeugend, sie macht geradezu süchtig. Sobald du merkst, dass die Gedanken und Bilder in deinem Kopf dich zu quälen beginnen, beschwöre dein Ersatz-Bild herauf. Im Laufe der Zeit und mit ein bisschen Übung wird dir das in Fleisch und Blut übergehen.

Pause fürs Gehirn

Löse folgendes Wörter-Suchrätsel, um dein Gehirn mal kurz von seinen Qualen abzulenken. (Lösung siehe S. 207)

E Q D N G S D H U N Z A L U K U R N T L I E Z

D V Q S O K T Ö E K H U Y F A M I L I E A T S

W C C P A R A M W D L Q H A M K O G Ä T U H D

S D X O Ä D M C N I E X Z Ö E V S E Y D H E L

I S G E R H O A I M W G U L R K N M U S U J T

H Y V B I S H I L F E C N I A M U O E J M P S

E Z M T T O D Ö U T K U T W D C D W O N K L U

A M S D H T A Z Ä T U L T H Ä I A G L D A A P

T O K A Y W E N N D U T R A U R I G B I S T N

T Ö L U I Q W B G A T X A C H C Z O T U C T U

M X I K G O L N H S A T U M Q T U G L N O I N

W D C E T E T I L K R Ä E A E Z T S S P P T A

S K H Z K K S T R J A H R E O R S I L E T Ü G

E S L S O H O P L Z I S A L T C E O T C O D Z

E R I N N E R U N G T T Y C S I Z K J A C E U

A S E C E I T L A V U Ü E A S Y T Ä Z P T N H

I U B Y S L P S O J H L R O M U H N E G L A G

P S E T P E T C S R A K R V V C E K J I O U I

V P D K O A H Ü L T A I K O J H B Z E L S Z C

S L I E V E R B U N D E N H E I T B L T T H M

A J C O T L B C T J S K U B T I E H N Ö H C S

S C H L A F M E H R H I B K O U E J E O U J K

Konzentriere dich (gelegentlich) auf deinen Atem

Viele Ärzte und Meditationslehrer empfehlen, sich in angsterregenden oder aufwühlenden Situationen auf den eigenen Atem oder andere körperliche Empfindungen zu konzentrieren. Drehen sich die Ängste aber um Tod, Verletzungen oder chronische Krankheiten, kann eine solche Konzentration auf den eigenen Körper kontraproduktiv wirken.

Doch du kannst etwas mit deinem Atem tun, das hilft!

Sowohl die Trauma- als auch die neurobiologische Forschung haben herausgefunden, dass eine Verlängerung des Ausatmens dazu beiträgt, ein (etwa durch akute Angst) erregtes Nervensystem zu beruhigen. Diese einfache Maßnahme stoppt den Fluss der Stresshormone und lässt die Angst so abklingen.

Wenn man nah dran ist, vor Angst auszuflippen, ist es viel einfacher, sich an eine einzige Anweisung zu erinnern, als an eine ganze Latte von Werkzeugen. Sobald also die Angst in dir hochsteigt, konzentriere dich allein auf eines: länger auszuatmen als einzuatmen.

Mehr braucht es gar nicht. Das solltest du eigentlich immer hinbekommen, oder? Und es hilft!

DIE GEFÜHLE IN DEN GRIFF BEKOMMEN

Trauer fühlt sich nie gut an, aber ganz bestimmt gibt es auch Zeiten, in denen deine Trauer so gewaltig ist, dass du sie schwerer in den Griff bekommst als in anderen Phasen. Zur rechten Zeit, am rechten Ort sind auch gewaltige Gefühle nichts Schlimmes – aber im Supermarkt beispielsweise kommen sie wohl eher ungelegen.

Doch was kannst du tun, wenn deine Gefühle dich in einem ungünstigen Augenblick zu überwältigen drohen? Wenn du eine Panikattacke kommen fühlst oder dir einfach alles zu viel wird? – Dann konzentriere dich auf deine Umgebung statt auf deine Gefühle. Beruhige deinen Geist, indem du konkrete Gegenstände zählst oder benennst.

Am sichersten ist es, wenn du dich dabei auf alltägliche, häufig vorkommende, nicht gefühlsbelastete Dinge außerhalb deines Körpers konzentrierst. Hier einige Beispiele:

- Zähle alle orangen Gegenstände in deiner Umgebung.
  Benenne sie.
- Wähle willkürlich einen Buchstaben des Alphabets und zähle möglichst viele Wörter auf, die damit anfangen.
- Zähle in Siebenerschritten von 100 herunter.
- Zähle alle Pflanzen- und Tierarten auf, die dir einfallen.

Es spielt keine Rolle, auf welche Gegenstände du dich konzentrierst, nur sollten sie möglichst banal sein. Wichtig ist, dass du jederzeit leicht den Einstieg findest. Der Zweck der Übung ist ja nicht, Aufgaben zu lösen, sondern allein, dein Gehirn dadurch zu beruhigen, indem du ihm etwas zu tun gibst.

Sollten solche Angstattacken bei dir häufig vorkommen, könntest du ein kleines Notizbuch und einen Stift extra für diese Übung überallhin mitnehmen.

Probiere es gleich aus!

Warte nicht auf die nächste Angstattacke, bevor du diese Übung ausprobierst. Schnappe dir einen Stift und schreibe in die Zeilen unten all die orangen Dinge auf, die du in deiner Umgebung siehst. (Hast du einen orangefarbenen Stift? Dann verwende ihn für die Übung!)

Und gleich noch eine Übung! Schreibe alle Wörter auf, die mit K beginnen. (Hör auf, wenn dir der Platz ausgeht oder dir nichts mehr einfällt.)

Und eine letzte Übung: Schreibe alle Tier- und Pflanzenarten hin, die dir einfallen. Du darfst sie auch zeichnen.

Eine Liste für schwierige Augenblicke

Nun, da du die vorigen Übungen geschafft hast, erstelle unten eine Liste mit all jenen Aufgaben, die du machen willst, wenn deine Gefühle zu überwältigend für eine aktuelle Situation werden. Möchtest du Dinge zählen? Gegenstände benennen? Das Alphabet rückwärts aufsagen?

Schmücke deine Liste aus. Gestalte sie tröstlich, einfach und klar. Füge noch eine kurze Botschaft hinzu, die dich mahnt, einen Anker im Sturm der Gefühle zu suchen. Fotografiere die Liste mit deinem Handy und lies sie durch, wann immer du sie brauchst.

Vergiss nie, dass du gütig zu dir selbst bist, wenn du dich von deinem Schmerz abwendest, wenn er zu überwältigend für deine aktuelle Umgebung ist. Dieser Akt zeugt von Liebe und Respekt im Umgang mit dir selbst. Stemme dich so gut wie möglich gegen die Flut der Gefühle und wende dich deinem Schmerz wieder zu, sobald du dafür freie Ressourcen und Kapazitäten hast.

SCHLAFLOSIGKEIT

Trauern strengt an. Um das zu überleben, was du derzeit überleben musst, benötigst du Schlaf am allerdringendsten. Ein ausgeruhter Geist bewältigt Ängste eher, reguliert die Gefühle besser und begegnet den Herausforderungen des Lebens geschickter. Das Problem ist nur: Trauernde schlafen oft sehr schlecht.

Natürlich gibt es Dinge, die dir das Einschlafen erleichtern, doch folgt die Trauer, wie wir wissen, unvorhersehbaren Regeln. Das bedeutet für dich: Ruhe dich bei jeder sich bietenden Gelegenheit aus, auch wenn du vielleicht nicht ganz einschlafen kannst.

Auf diesem Gebiet kann auch die Medizin – sowohl die allopathische wie auch die integrative – helfen. Besprich mit dem Arzt deines Vertrauens, was du tun könntest, um besser zu schlafen. Schreibe hier unten hin, was dir tendenziell beim Einschlafen hilft und was dir das Einschlafen erschwert.

WAS MIR BEIM EINSCHLAFEN HILFT	WAS MIR DAS EINSCHLAFEN ERSCHWERT

Albträume

Wie gut würde in Zeiten der Trauer erholsamer Schlaf tun! Doch leider werden viele Trauernde von Albträumen geplagt. Albträume sind der Horror!

Trotzdem gehören wiederkehrende Träume wie zum Beispiel der, dass du die Todesnachricht immer und immer wieder überbringst, schlicht zum Trauerprozess. Sie sind heilsam und wichtig. Denn in Tiefschlafphasen verrichtet unser Gehirn die tiefgehende, schwere Arbeit, die Realität des Verlusts in verdaubare Teile herunterzubrechen.

Versuche also nicht, deine Trauer-Albträume groß zu analysieren. Erkenne sie lieber als den Versuch deines Gehirns an, den Verlust zu verarbeiten. Nenne das Kind beim Namen. Manchmal trägt selbst ein ganz einfaches »Mein Verstand versucht gerade, dieser Sache Raum zu verschaffen« dazu bei, dass der Geist nach einem Albtraum wieder zur Ruhe kommt und sich das Nervensystem entspannt.

Liste in den folgenden Zeilen all das auf, was dir nach einem Albtraum hilft, dich wieder zu beruhigen. Wenn du dein Telefon normalerweise in der Nähe des Bettes hast, fotografiere die Liste damit, dann hast du sie immer zur Hand.

....

....

....

....

....

....

....

....

....

....

....

....

....

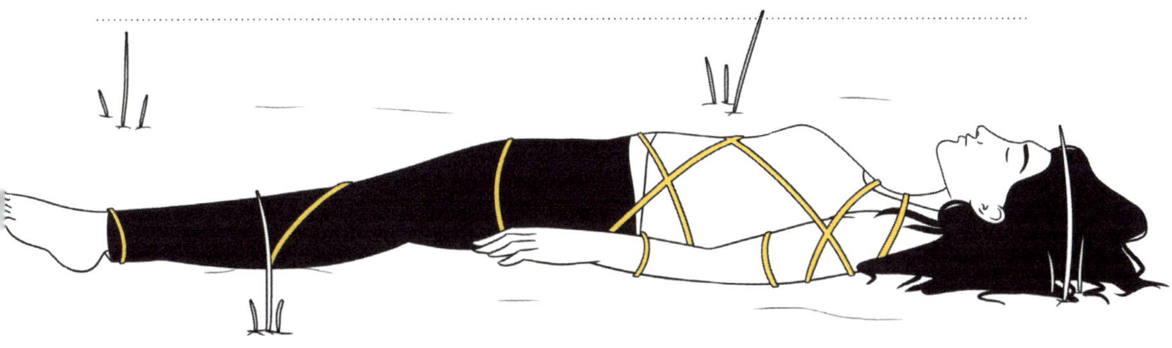

KAPITEL 7

Ruhe und Erholung

Trauern ist eine Langstrecke. Um sie durchzustehen, brauchst du Zuwendung, Hilfe, Trost.

Und Orte zur Erholung. Mach es dir zur Angewohnheit, in dich zu horchen, was du gerade brauchst. Du musst wissen, was deinen Energietank wieder auffüllt. Und du brauchst etwas, das dich geerdet hält, während die Trauer sich entfaltet und dein Leben umformt.

Wie du das machst, lernst du in diesem Kapitel.

EINE SELBST GEWÄHLTE DECKENBURG

Holen wir uns ein wenig Trost. Stelle dir eine tröstliche Landschaft vor, in der du dich geborgen fühlst. Gestalte diese Landschaft auf der folgenden Seite. Sie kann in dir liegen oder da draußen, sie kann real oder erfunden sein, gemalt oder collagiert. Füge alles hinzu, was dich tröstet oder dir das Gefühl gibt, geliebt und unterstützt zu werden. Wenn du nicht weißt, wie du anfangen sollst, gestalte eine Deckenburg und mache von da aus weiter.

PS: Nimm dieses Bild als deinen Glücksort, auch in Zeiten, in denen du dich gar nicht glücklich fühlst.

FLASCHENPOST

Manchmal kann eine unerwartete Nachricht den ganzen Tag verändern und dir in schwierigen Zeiten ein wenig Erleichterung oder sogar Erheiterung verschaffen. Nimm die Postkarten auf den folgenden Seiten und schreibe »Liebesbriefchen« an dein zukünftiges Ich darauf. Dir wichtige Zitate und bestätigende oder aufmunternde Kommentare können ebenfalls tolle Nachrichten an dich selbst sein.

Schneide die Postkarten entlang der gestrichelten Linien aus, kopiere die Seiten auf festes Tonpapier, schreibe deine Nachrichten darauf und adressiere die Karten an dich selbst. Gib die Postkarten einem Freund, der dir dann gelegentlich eine davon schicken soll – oder du schickst sie dir selbst.

Bis die Karten ankommen, hast du höchstwahrscheinlich längst vergessen, was du geschrieben hast, und wirst über deine Hellsichtigkeit staunen.

Manche Dinge lassen
sich nicht beheben.

Sondern
nur ertragen.

PORTO

@hereaftersocial

PORTO

@hereaftersocial

Mögest du an diesem Tag eine kleine Insel des Friedens finden.

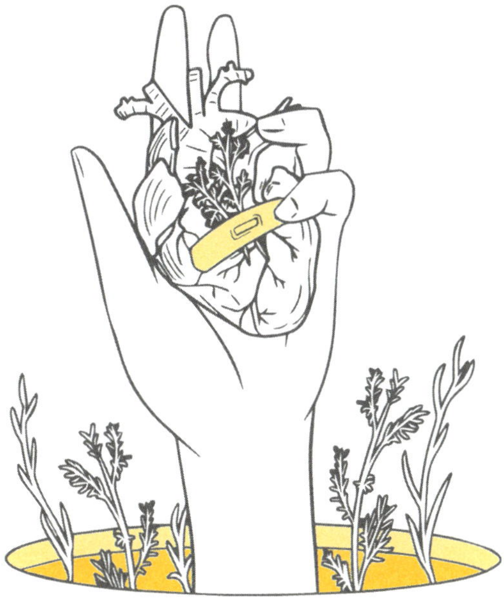

@hereaftersocial

PORTO

@hereaftersocial

PORTO

EIN BLICK IN DICH HINEIN

Deine innere Welt funktioniert nach dem Prinzip von Anfrage und Antwort: Wenn du ein Bild anforderst, erscheint ein Bild. Manchmal läuft der Prozess ein wenig dröge, mitunter erscheint das Bild nicht sofort, aber irgendein Bild erscheint immer. Nehmen wir uns jetzt einen kurzen Augenblick, um in diese innere Welt zu schauen. (Ich weiß, die Übung wirkt ein wenig esoterisch. Probiere sie trotzdem aus.)

1. Hole dir deine liebsten Zeichen- oder Malutensilien.
2. Zentriere dich einen Augenblick. Mit Zentrieren meine ich nicht, dass du dich gut oder bereit fühlen musst, sondern einfach, dass du präsent bist. Atme ein paar Mal ruhig durch.
3. Dann stelle dir folgende Frage: »Wie sieht es in meinem Herzen aus?«

Lass diese Frage ein wenig nachhallen. Warte auf ein Bild. Das innere Auge ist kein Fast-Food-Restaurant, vielleicht dauert es ein wenig. Wiederhole die Frage, falls sich nichts rühren sollte. Warte, bis eine Antwort kommt. Lass Eindrücke hochsteigen und versuche, sie nicht gleich zu verändern oder zu manipulieren.

Vielleicht erscheint ein visuelles Bild. Möglicherweise siehst du buchstäblich ein Herz, doch üblicherweise spielt das Gehirn mit Metaphern und Symbolen. Vielleicht siehst du eine Landschaft oder ein Objekt, einen Ort oder eine Szene. Vielleicht auch nur eine Farbe. Oder du spürst eine Wahrnehmung anstelle eines Bildes. All das, was hochsteigt, zeigt, wie es in deinem Herzen aussieht – jetzt, hier.

Beschreibe unten, was du siehst oder spürst. Widme dieser Wahrnehmung ein wenig Zeit. Falls es sich um ein Bild handelt: Beschreibe, wie es aussieht. Falls es sich um eine Wahrnehmung oder einen Gefühlszustand handelt, beschreibe diese bzw. diesen. Lass dir Zeit. Erkunde wirklich, was hochsteigt. Wie sieht es in deinem Herzen aus?

Vielleicht überrascht dich, was hochkommt, was du da siehst. Breitet sich ein Trümmerfeld aus? Das ist dann natürlich nicht tröstlich – aber manchmal ist schon eine akkurate Bestandsaufnahme der Verwüstung eine Erleichterung.

Tritt einen Schritt zurück, sobald du das Gefühl hast, du hättest detailliert genug beschrieben oder gezeichnet, was du siehst bzw. fühlst.

Was fühlst du nun angesichts des Zustands deines Herzens?

Schreibe deine Antwort hier hin:

IM NOTFALL

Schreibe auf die Zettel im Rahmen Botschaften von Freunden oder für dich relevante Zitate und Gedächtnisstützen. Wenn sich alles trostlos anfühlt, lass deine Hand über diesen Zetteln kreisen und tippe blind auf eine Botschaft.

Du kannst auch einen Schritt weiter gehen und ein echtes »Notfall«-Kästchen basteln, etwa indem du einen Schuhkarton (oder eine schickere Box) mit Nachrichten deiner Freunde oder mit Zitaten und Botschaften an dich selbst füllst. Ziehe immer dann aus dieser Notfall-Box einen Zettel heraus, wenn du ein wenig Unterstützung brauchst.

EIN ECHTES MENÜ DER SELBSTFÜRSORGE

Sucht man in den sozialen Medien unter dem Stichwort »Selbstfürsorge«, kommen als Ergebnis lauter Wellnessbilder. Und ja, eine Massage kann etwas Tolles sein – Selbstfürsorge umfasst aber viel, viel mehr. Glaubt man dem Internet, reicht schon eine Pediküre, und man ist wieder erquickt und aufgerichtet. Es wird so getan, als brauche es nur eine angenehme Gesichtsbehandlung und die perfekte Saftmischung, damit die Welt wieder ins Lot kommt. Erstens stimmt das nicht, und zweitens erfordern Wellnessbehandlungen gewisse finanzielle Mittel und zeitliche Freiräume, die nicht jeder zur Verfügung hat. Du brauchst also bessere Optionen.

Gute Selbstfürsorge-Maßnahmen helfen dir, dich zu erholen und wieder Kraft zu schöpfen. So kann regelmäßige Selbstfürsorge verhindern, dass du völlig zusammenbrichst. Empathie-Coach Kate Kenfield zufolge hilft dir Selbstfürsorge, dich so neu zu formieren, dass du auf eine Weise am Leben teilnehmen kannst, die du dir am meisten wünschst. Selbstfürsorge lässt dich in schwierigen Situationen geschickt und freundlich handeln. Sie hilft dir, weiterzumachen und durchzuhalten.

Nachhaltig wird Selbstfürsorge, sobald du dich gewohnheitsmäßig um dich selbst kümmerst, nicht nur in Notzeiten. Du machst dir selbst ein großes Geschenk, wenn du herausfindest, was Selbstfürsorge für dich darstellt, bevor du sie brauchst. Und wenn du aus einem ganzen Menü von Optionen wählen kannst, fällt es dir viel leichter, bewusst Selbstfürsorge zu betreiben.

Hier einige Anregungen für dein ganz persönliches Selbstfürsorge-Menü:

- Gewöhne dir an, dich zu fragen, was du brauchst. An einem Tag könnte das körperliche Bewegung sein, am nächsten Tag eine ungestörte halbe Stunde zum Nachdenken oder zur Erkundung deiner Gefühle. Was gerade fehlt, bekommst du nur heraus, indem du dich fragst.

- Such dir Trost über deine Tastsinne. Lass dich massieren, nimm ein heißes Bad oder ziehe ein Paar warme Socken an.

- Mach etwas Spielerisches: Fahr mit deinem Hund zum Strand, führe den lächerlichsten Tanz auf, den du dir ausdenken kannst ... alles ist recht, solange es dich in eine heiterere Stimmung versetzt. Ersatzweise kannst du dir auch etwas Heiteres ansehen, etwa Filme von Tieren.

- Begib dich an einen schönen Ort. Erstelle eine kurze Liste von bezaubernden Orten, z.B. ein bestimmtes Museum, eine Kathedrale, ein Garten oder ein Park.

- Nimm dir regelmäßig Zeit für kreatives Gestalten. Sammle alle Utensilien dafür in einer Kiste, damit du sie nicht erst zusammensuchen musst, wenn du sie brauchst. Schon ein paar Minuten Zeichnen oder Herumkritzeln reichen oft, damit du herunterkommst und dich entspannst.

- Triff dich mit anderen. In Gesellschaft netter Menschen füllt sich dein Energietank wahrscheinlich wieder auf. Erstelle eine Liste von Freunden, die du gerne triffst, virtuell oder persönlich. Vergiss nicht, dass verschiedene Menschen für verschiedene Dinge gut sind: Der eine Freund läuft vielleicht zu großer Form auf, wenn du dich traurig fühlst und ein offenes Ohr benötigst während ein anderer Freund für jede Unternehmung zu haben ist, wenn du dich rastlos fühlst und ein Abenteuer brauchst.

Die folgenden Zeilen sind für deine eigenen Ideen gedacht:

EIN SELBSTFÜRSORGE-PLAN

Plane am besten vor heiklen Gelegenheiten – etwa einem Treffen mit dem Anwalt, der Übergabe der Urne, einem anstehenden Jahrestag – gleich etwas Aufbauendes oder Tröstliches für hinterher.

Oder nutze die Zeit davor: Bevor du dich in emotional aufgeladene Angelegenheiten stürzt, kannst du dir Zeit für dich nehmen. Am besten stellst du dir dafür einen Timer. Gib dir beispielsweise 90 Minuten, bevor du dich an den Papierkram machst, der mit deinem Verlust zu tun hat. Das mag jetzt albern klingen, aber ein solches konkretes Verfahren kann durchaus helfen, schwierige emotionale Situationen zu bewältigen.

- Verwende die Ideen auf dieser Liste, um es deinem zukünftigen Ich leichter zu machen. Darunter kannst du deine eigenen Ideen zur Zeit-Plan-Selbstfürsorge schreiben.

- Richte alles her, was du für einen Spaziergang brauchst: Jacke, Stiefel, Kopfhörer, Schlüssel. Stelle einen Timer, bevor du dich an eine emotional schwierige Angelegenheit machst, und geh spazieren, sobald der Timer läutet.

- Bitte einen Freund, dir nach dem geplanten Ende einer emotional heiklen Veranstaltung eine Nachricht zu schreiben. Nenne ihm eine konkrete Zeit und bitte ihn, sich einen Alarm zu stellen, damit er nicht vergisst, sich bei dir zu melden.

- Bereite schon vor dem Aus-dem-Haus-Gehen den Teekocher vor, deine Lieblingstasse und Teebeutel oder -blätter. Suche die bequemsten Kleidungsstücke heraus und lege sie bereit. Wenn du heimkommst, musst du dann nur noch Wasser kochen und dich umziehen.

- Vereinbare mit Freunden einen gemeinsamen Kinobesuch nach einem aufwühlenden Ereignis. Sag ihnen, dass du vielleicht nicht reden möchtest, aber ihre Gesellschaft sehr schätzen würdest.

- Bitte einen Freund, während des Ereignisses eine Kerze für dich anzuzünden. Bitte ihn, dir während des Ereignisses ein paar Mal ein Foto der brennenden Kerze zu schicken. Allein das Wissen, dass da draußen jemand ist, der an dich denkt, verleiht dir vielleicht die Kraft, die Sache besser zu überstehen.

FREUNDLICHKEIT IST ALLES

Was du gerade durchmachst, ist hart. Durch Freundlichkeit zu dir selbst änderst du zwar nichts am eigentlichen Verlust, doch du machst es deinem Geist und deinem Herzen leichter, ihn zu ertragen.

Leider fällt es den meisten Menschen ungeheuer schwer, zu sich selbst nett zu sein. Für andere bringen wir immer noch Freundlichkeit auf, und seien sie noch so hartherzige Knochen. Aber nett zu uns selbst sein? Das bringen wir nicht fertig. Nein. *Ich darf nicht zu freundlich zu mir sein. So einfach darf ich es mir nicht machen.*

Der Gedanke, dich selbst freundlich zu behandeln, widerstrebt dir total? Da bist du nicht allein. Wir alle tun uns damit schwer. Aber genau deswegen brauchen wir tägliche, konkrete Ermahnungen, uns um uns selbst zu kümmern.

Versuche es mal mit Freundlichkeit dir selbst gegenüber, nur ein paar Minuten lang. Erwäge erst nur, was Freundlichkeit dir selbst gegenüber bedeuten würde, auch wenn du es nicht fertigbringst, nett zu dir zu sein. Probiere dann vielleicht aus, freundlich zu dir selbst zu sein – und halte es aus.

Wie würde Freundlichkeit dir selbst gegenüber aussehen? In diesem Augenblick? Schreibe hier deine Antwort hin.

Trauer erfordert Freundlichkeit. Freundlichkeit zu sich selbst. Wegen allem, was du durchmachen musstest.

Einige Vorschläge, wie du freundlich zu dir selbst sein könntest

Freundlichkeit dir selbst gegenüber könnte sein, dass du dich so lange schlafen lässt, wie du es brauchst, ohne dir dafür Vorwürfe zu machen.

Freundlichkeit dir selbst gegenüber könnte darin bestehen, ein Treffen abzusagen, vor dem dir graut.

Freundlichkeit dir selbst gegenüber könnte so aussehen, dass du vor dem Supermarkt wieder umdrehst, obwohl du schon davor stehst, weil du erkennst, dass du Einkaufen jetzt schlicht nicht ertragen würdest.

Freundlich zu dir selbst könnte es sein, es mal langsamer angehen zu lassen, die Ansprüche an dich selbst herunterzuschrauben.

Freundlichkeit dir selbst gegenüber könnte darin bestehen, manchmal Grenzen auszuloten, das bequeme Nest der Ablenkung zu verlassen und die Landschaft des Schmerzes zu erkunden.

Was Freundlichkeit dir selbst gegenüber bedeutet, kann sich von Tag zu Tag ändern. Bleibe einfach nur fest in deinem Vorsatz, freundlich zu dir selbst zu sein. Das ist dein Sicherheitsnetz: das Wissen, dass du dich selbst nicht aufgibst. Das Wissen, dass du dir nach besten Kräften liebevoll beistehst. In einer bizarren, auf den Kopf gestellten Welt sorgt deine Entschlossenheit, dir freundlich zu begegnen, für eine gewisse Stabilität.

DEIN MANIFEST DER SELBSTFÜRSORGE

Wenn du dein eigenes Selbstfürsorge-Manifest schreiben würdest, was würde es enthalten?

In meinen Seminaren ziehe ich gerne eine Analogie zu den Sicherheitshinweisen im Flugzeug: In akuter Gefahr zieht man sich zuerst selbst die Sauerstoffmaske über, bevor man anderen hilft. In deiner Trauer musst du zuerst an dich denken. Um zu überleben, musst du dich mit wilder Entschlossenheit um dich selbst kümmern.

Dieses Selbstfürsorge-Manifest ist eine Überlebensstrategie. In ganz wenige Worte gefasst, ermöglicht es gezielte Hilfsmaßnahmen in Zeiten, in denen du dich überwältigt fühlst. Es zeigt dir den Weg zum Rettungsboot, wenn du zu ertrinken drohst. Es ermahnt dich, dir selbst treu zu bleiben und deinen eigenen Bedürfnissen zu folgen, auch wenn die Außenwelt darauf besteht, du müsstest die Angelegenheiten auf ihre Art erledigen. – Es hilft schon, sich mit Freundlichkeit zu begegnen statt mit Selbstgeißelung.

Nun mag der Begriff »Manifest« in deinen Ohren arg pompös klingen, aber ich meine es ganz im Ernst: Nichts ist wichtiger, als wild entschlossen seinen eigenen Bedürfnissen zu folgen, sich selbst an die erste Stelle zu setzen, darauf zu bestehen und rücksichtslos Platz frei zu machen für Dinge, die dir das Leben ein wenig besser, leichter, ruhiger machen.

Mögest du freundlich sein zu deinem traurigen Ich.

Für ein Manifest der Selbstfürsorge reichen schon zwei Wörter: Sei freundlich. Du kannst aber auch einen Liebesbrief an dich selbst schreiben oder eine Liste von zehn Sachen, die du nicht vergessen darfst. Verfasse auf der folgenden Seite dein persönliches Selbstfürsorge-Manifest. Schmücke es aus. Gestalte es hübsch. Formuliere es radikal. Dann fotografiere es und trage es auf deinem Handy immer bei dir. Nimm es als Hintergrundbild deines Laptops. Klebe es auf deinen Kühlschrank. Hänge es überall hin.

WAS BEI DEINEN ABLENKUNGEN RAUSKOMMT

Denke über alle Aktivitäten nach, die als Ablenkungen bzw. emotionale Pausen zählen könnten. Welche Ablenkungsmöglichkeiten nutzt du gerne? Wie fühlst du dich dabei? Was erhoffst du dir von ihnen? Bringen sie dir das Erhoffte? Finden wir es heraus!

Vielleicht hast du dich heute mal eine Zeit lang ausgeklinkt, indem du laufen gegangen bist und dabei einen Podcast gehört hast. Du hast gehofft, das Laufen würde deine Angst mildern und dich so müde machen, dass du nachts gut schlafen kannst. Nach dem Laufen hast du dich müde gefühlt und zumindest während des Laufens keine angstvollen Gedanken gewälzt. Sortiert sieht das Ganze so aus:

ICH FÜHLTE MICH	angsterfüllt und müde
ICH WÜNSCHTE MIR	weniger Angst und besseren Schlaf
ICH ENTSCHIED MICH FÜR	einen 5-Kilometer-Lauf, bei dem ich einen Podcast hörte
ERGEBNIS	eindeutig müde, die angstvollen Gedanken machten Pause

Doch mitunter haben Unternehmungen nicht den erhofften Effekt. Vielleicht starb im Podcast ja ganz überraschend eine wichtige Figur. Vielleicht fühlte es sich ja toll an, eine ganze Pizza zu futtern und dabei stundenlang fernzusehen, wirkte sich aber verheerend auf deinen Schlaf aus.

Das muss noch kein Grund sein, ganz auf diese Unternehmungen zu verzichten, schließlich brachten sie ja vorübergehend Erleichterung. Aber wenn du die Folgen mit einkalkulierst, kannst du klügere Entscheidungen treffen. Vielleicht wurde dir beispielsweise klar, dass Laufen schmerzt und du joggen gegangen bist, um dich zu bestrafen. Insofern hilft eine Analyse, jene Aktivitäten herauszufiltern, die dir guttun, und dich vor jenen zu warnen, die dir gar nicht guttun.

Analysiere hier deine liebste Ablenkung:

ICH FÜHLTE MICH	______________________
ICH WÜNSCHTE MIR	______________________
ICH ENTSCHIED MICH FÜR	______________________
ERGEBNIS	______________________

3
12
9
6

WIE VIEL IST ZU VIEL?

In Zeiten intensiver Trauer kann der Sirenengesang der Betäubung äußerst verlockend sein. Sich in harten Zeiten Erleichterung zu verschaffen, ist gesund. Sich aber rund um die Uhr zu betäuben, ist es nicht. Schauen wir uns deswegen an, womit du dich gern ablenkst. Wie viel ist zu viel? Betrachten wir zwei Beispiele. In den freien Zeilen darunter kannst du dann deine eigenen Unternehmungen analysieren. Das hilft dir hoffentlich bei der Gratwanderung zwischen hilfreicher Ablenkung und ständiger Betäubung.

UNTERNEHMUNG	Filmmarathon
WIE OFT?	Täglich, rund um die Uhr
ERGEBNIS	Hinterher fühle ich mich verkatert, belämmert und langsam.

UNTERNEHMUNG	Krampfhafte Positivität
WIE OFT?	Das ist die einzige Gemütsverfassung, die ich mir gestatte.
ERGEBNIS	Was meinst du? Alles ist prima!

UNTERNEHMUNG	
WIE OFT?	
ERGEBNIS	

UNTERNEHMUNG	
WIE OFT?	
ERGEBNIS	

UNTERNEHMUNG	
WIE OFT?	
ERGEBNIS	

UNTERNEHMUNG	
WIE OFT?	
ERGEBNIS	

Wichtiger Hinweis: Es ist zwar wichtig, einen emotionalen Aus-Schalter zu haben, manche Handlungsweisen sind aber gefährlich. Bitte suche Hilfe, wenn du übermäßig Drogen oder Alkohol konsumierst, dich selbst verletzt oder durch rücksichtsloses bzw. gefährliches Handeln dich oder andere gefährdest.

KAPITEL 9

Wut verdient ein eigenes Kapitel

In unserer Kultur hat Wut einen schlechten Leumund. Ebenso wie Trauer verstört sie andere Menschen. Kurze Wut-Ausbrüche sind ja okay, danach muss man aber schnell wieder runterkommen.

Kennst du solche Ratschläge: Du darfst nicht wütend sein. Egal, was passiert ist, du musst gelassen bleiben. Mach keinen solchen Aufstand. Es ist sinnlos, sich über Dinge aufzuregen, die sich nicht ändern lassen.

Doch Wut ist etwas ganz Normales, eine gesunde menschliche Empfindung. Und die Wut verdient es, angehört zu werden – hier in diesem Tagebuch und draußen in deinem Leben.

Jedes Gefühl ist eine Reaktion auf etwas. Wut drückt unsere Auflehnung gegen eine gefühlte Ungerechtigkeit aus – wobei es keine Rolle spielt, ob unser Gerechtigkeitsempfinden »logisch« ist oder ob etwas aus einem guten Grund geschehen ist.

Natürlich bist du wütend: Das Unheil hat rein zufällig dich getroffen. Das ist ungerecht! Natürlich ärgerst du dich über die unbeholfenen, verletzenden Dinge, die andere sagen. Nur weil sie in bester Absicht handeln, heißt das noch lange nicht, dass ihre Worte dich nicht auf die Palme bringen können.

Wenn du deinen Ärger rauslässt, ist er einfach Energie. Information. In manchen Fällen gibt Wut dir erst die Kraft, dich deiner Realität zu stellen. Wut wird zu einer wilden, schützenden Liebe – für dich, für den Menschen, den du verloren hast. Erweist man ihr Respekt und lässt man ihr Raum, erzählt Wut eine Geschichte von Liebe, Verbundenheit und Sehnsucht. Daran ist nichts Falsches.

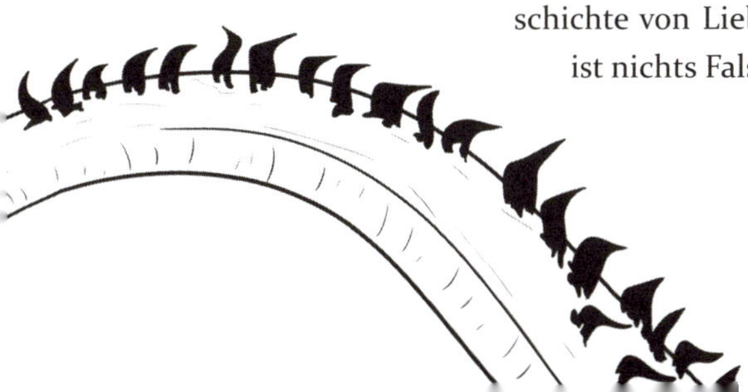

Unterdrücken und ersticken wir unsere Wut jedoch, unterdrücken wir die Wahrheit und ersticken unsere Lebensenergie – die wilde Entschlossenheit, für uns und für die von uns geliebten Menschen einzustehen. Es ist gesund, sich seiner Wut zu stellen, sie zu würdigen und ihr Platz einzuräumen. Verleihe dem Gefühl, unfair behandelt worden zu sein, Ausdruck. Lass die Wut raus, akzeptiere sie, kanalisiere sie. Sie gehört zu dir, und sie verdient einen Raum, in dem sie existieren kann.

NATÜRLICH BIST DU …

Wut hat uns eine Menge zu sagen, wenn wir ihr nur zuhören. Schreibe unten so schnell wie möglich, ohne groß nachzudenken: »Natürlich bin ich wütend …«

Beginne damit und schau, was dann kommt. Schreibe zehn Minuten lang oder bis du das Gefühl hast, du wärst fertig.

DIE WUT-SKALA

Da es für die meisten Menschen Neuland bedeutet, eine gesunde Beziehung zu ihrer Wut aufzubauen, machst du schon einen Schritt in die richtige Richtung, wenn du lediglich das eigene Wut-Niveau erkennst. Wie alle Emotionen kommt und geht auch Wut, sie fließt und verändert sich.

Male dein heutiges Wut-Niveau mit Farbe in die Wutskala.

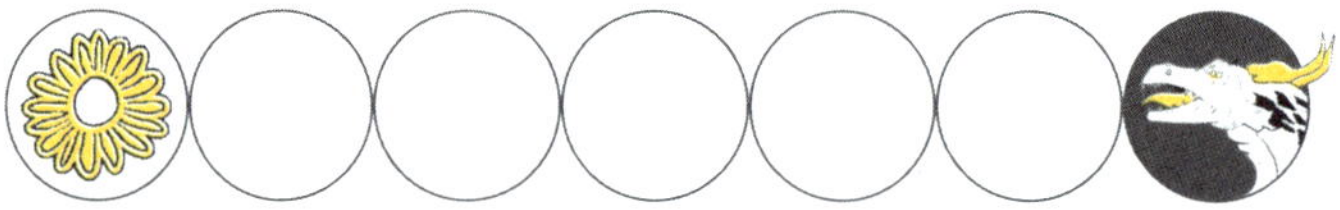

Male morgen diese Skala:

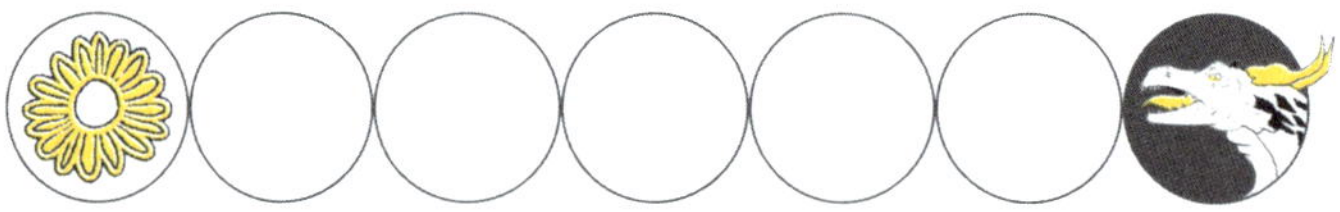

Male deine eigene Wutskala. Das veranlasst dich, regelmäßig in dich hineinzuhorchen. Sich mit dem eigenen Wut-Niveau vertraut zu machen, ist ein guter Startpunkt für eine neue Beziehung zu diesem oft verteufelten Gefühl.

FINDE DEINE HOTSPOTS!

Wut äußert sich in vielen Formen. Möglicherweise bringen dich andere Dinge auf die Palme als mich. In der Zeichnung auf der nächsten Seite findest du einige Sätze, über die sich viele Menschen ärgern. Streiche diejenigen durch, die dir nichts ausmachen, und füge andere Sätze hinzu, die dich rotsehen lassen. Schreibe Sätze nieder, die dich wütend machen, oder schildere Situationen, die inhärent frustrierend sind – etwa Gerichtstermine oder Anrufe bei einer Servicehotline.

Macht dich diese Übung so wütend, dass du dieses Buch jetzt am liebsten gegen die Wand werfen würdest? Dann nur zu! Aber bitte gut zielen, damit nichts kaputtgeht.

Wenigstens hattest du ihn/sie die Zeit über, die euch vergönnt war.

Alles geschieht aus einem Grund.

Du solltest dankbarer sein!

Er/sie befindet sich jetzt an einem besseren Ort.

EIN ORT ZUM WÜTEND-SEIN

Wo ist deine Wut heute? Spuckt sie gemeinsam mit ein paar Drachen Feuer oder zertrümmert sie Felsen an den Seiten eines Vulkans? Vielleicht ist sie ja ein tasmanischer Teufel, der durch die offene Prärie wirbelt? Oder ist sie joggen gegangen und trampelt wütend auf die Erde?

Male das Bild auf dieser Doppelseite aus. Zeichne dich dort ein, wo du heute gern wärst, und lebe deine Wut dort aus.

DINGE, DIE DU MIT DEINER WUT ANSTELLEN KANNST

Du kannst deiner Wut auf vielerlei Weise Luft verschaffen. Hier nur einige Möglichkeiten:

- Brülle herum.
- Schlage auf Dinge ein. (Vorsicht, nicht verletzen!)
- Mache Katzenmusik oder höre dir welche an.
- Male (kleine oder große Bilder, chaotisch oder säuberlich).
- Treibe Sport. (Lass die Energie raus!)
- Stemme Gewichte.
- Erzähle einem Freund von deinem Wut-Niveau.
- Starte eine Bewegung.
- Setze dich für jemanden ein.
- Setze dich für dich selbst ein.

Stelle nur irgendetwas an mit deiner Wut, anstatt sie unter den Teppich zu kehren. Wenn du ihr Existenzrecht anerkennst, gehst du wahrscheinlich deutlich klüger mit ihr um.

Schreibe unten eine Liste konstruktiver Dinge, die du mit deiner Wut anstellen könntest.

SAFETY FIRST

Es kann furchterregend sein, sich seiner Wut zu stellen. Wenn sie sich zu überwältigend anfühlt, sollte dir vielleicht ein vertrauter Freund oder ein Therapeut beistehen. Du darfst Menschen ruhig fragen, ob sie bereit sind, sich deine Wut über eine Situation anzuhören. Sie dürfen dann frei entscheiden, ob sie das wollen oder nicht. Stimmen sie zu, haben sie wirklich ein offenes Ohr für dich und du weißt, dass sie bereit sind, sich deine Wut wirklich anzuhören, und nicht versuchen werden, sie dir wieder auszureden.

Benenne hier Menschen, die möglicherweise bereit sind, sich deine Wut anzuhören. Schreibe auch, an welchen Orten du dich sicher genug fühlst, um deine Wut auszudrücken.

UND WAS IST MIT RAGE?

Rage ist etwas anderes als Wut. Sie entsteht mitunter, wenn Wut zu lange verleugnet oder unterdrückt wird. Sie ist blindwütig und destruktiv. Deswegen ist es so wichtig, seiner Wut Ausdruck zu verleihen – sie geschickt zu nutzen, anstatt sie die ganze Welt einreißen zu lassen.

Wut ist ein heikles Gefühl. Wir reden nicht gern darüber – was bedeutet, dass sie oft wirklich laut werden muss, bis wir ihr zuhören. Fülle das unten stehende Wut-Gelöbnis aus, als Erinnerung daran, dass du deine Wut ehren, respektieren und kanalisieren sollst.

Das Wut-Gelöbnis

Ich, ____,

gelobe hiermit, meine Wut als verlässliche Informationsquelle zu ehren. Sie verrät mir, wann ich mich ungerecht behandelt fühle und wo meine Grenzen verletzt wurden. Meine Wut verdient Respekt und Raum, sich auszudrücken.

Von diesem Tag an werde ich meine Wut durch Folgendes ausdrücken und kanalisieren:

____

____

____

____

Ich nutze meine Wut, um Folgendes anzupacken oder zu schaffen:

____

____

____

____

Ich gelobe, meine Wut immer geschickter einzusetzen, nachdem ich sie und mich besser kennengelernt habe.

UNTERZEICHNET AN DIESEM ______ TAG DES MONATS ______________
DES JAHRES __________.

____

(DEINE UNTERSCHRIFT)

KAPITEL 10

Der Aussichtspunkt

Es ist nicht leicht, mit Trauer zu leben. Vielleicht konzentrierst du dich noch immer jeden Tag darauf, ihn nur durchzustehen. Trotzdem solltest du dir klar machen, wie weit der Weg ist, den du schon zurückgelegt hast. Nimm dir Zeit, deine Fortschritte zu würdigen und dir ins Gedächtnis zu rufen, was wirklich zählt. Das hilft, deine Trauer erträglich zu machen.

Dein Schmerz verdient, dass du ihn ehrlich betrachtest, freundlich, mitfühlend. Er verdient deine Zuwendung. Male das Bild auf dieser Seite aus, um dich von der Erkundung deiner Wut abzulenken. Dann mache eine Bestandsaufnahme von dem, was dich umgibt.

KURZE RAST

Sieh dir ein paar Minuten lang die Arbeit an, die du in diesem Buch bisher verrichtet hast. (Keine Sorge, wenn du nicht alles ausgefüllt hast. Du musst hier keine Prüfung bestehen, die Übungen sind keine Hausaufgaben. Schau dir einfach an, was du gemacht hast, und lass dich nicht von dem stressen, was du ausgelassen hast.)

Hat sich irgendetwas entwickelt oder ist dir etwas klar geworden, das du vorher nicht gesehen hattest?

Was hast du über dich oder deine Trauer gelernt? Hat irgendetwas dich überrascht?

Stelle einen Timer und beantworte diese Fragen unten auf dieser Seite. Solltest du keinen Einstieg finden oder stecken bleiben, versuche es mit: »Ich hätte nicht gedacht, dass es so schwer sein würde, ...« oder »Ich wusste wirklich nicht, dass ich ... brauche« oder »Ich dachte, ich würde ... finden«.

Läuft es dann immer noch nicht, kannst du wieder »Ich wusste nicht, dass ...« schreiben und die Sätze vervollständigen – so oft wie nötig.

BRIEFCHEN AN DICH SELBST

In der Trauer geerdet zu bleiben kann schwerfallen. Überwältigende Gefühle, eine Sturzflut von Erinnerungen, ärgerliche Begegnungen – all das wirft einen nur allzu leicht aus dem Gleichgewicht. Schreibe auf die Kärtchen unten Briefchen an dich selbst. Beschreibe, was in Zeiten der Not und des Kampfes wirklich für dich zählt und was du nicht vergessen möchtest. Du kannst gerne auch Zitate verwenden, die dich ansprechen.

Markiere die Seite mit einem Lesezeichen, damit du sie schneller findest. Du kannst die Karten auch entlang der gestrichelten Linien ausschneiden und überallhin mitnehmen bzw. an strategischen Orten befestigen, etwa am Badspiegel oder im Auto – wo auch immer du gelegentlich kleine Aufmunterungen brauchst.

GRENZEN SIND UNSERE FREUNDE (ODER SCHUTZSCHIRME)

Trauer kann uns porös machen – dünnhäutig für alles. Gute Grenzen – emotionale, physische und in unseren Beziehungen – verstärken das Gefühl, dass wir Kontrolle haben können über das, was wir erleben.

Stelle dir vor, du befindest dich in dem Kreis unten. Zeichne oder schreibe in diesen Kreis, was dir dabei hilft, dich gefestigt zu fühlen (oder zumindest nicht aufgewühlt). Zeichne oder schreibe außerhalb des Kreises, was dich aus der Balance bringt. Dort könnte beispielsweise stehen: »endloses Surfen im Internet« oder »die übergriffigen Fragen meiner Nachbarin«. Im Kreis könnte stehen: »Zeit in der Natur« oder »Kreativitäts-Podcasts«.

DAS KANN DOCH KEIN ZUFALL SEIN! – ÜBER ZEICHEN UND ZUFÄLLE

Ein Song genau im richtigen Augenblick, das plötzliche Erscheinen eines Vogels oder einer Nachricht. Dinge, die in genau dem Augenblick passieren, wenn du irgendwie Trost brauchst und an solche Dinge gerade denkst. – Fast jeder Trauernde kennt Beispiele dafür.

Oft erscheinen uns diese Dinge wie Zeichen. Aber wir reden nur sehr ungern darüber. Wenn, dann erzählen wir sie sehr vorsichtig weiter, fast schon verschämt. Mit Abschwächungen und Erklärungen und Beteuerungen, dass wir nicht an Zeichen glauben, wir sind ja keine Spinner.

Niemand möchte als Spinner dastehen.

Es spielt überhaupt keine Rolle, ob diese Zufälle nun Konstruktionen deines Gehirns sind – was völlig okay wäre – oder ob sie auf ein größeres Mysterium jenseits dessen verweisen, was wir sehen können. Es zählt allein, dass diese Dinge dich trösten und wärmen.

Schreibe auf dieser Seite jene Dinge in deinem Leben nieder – Zeichen, Träume und Zufälle –, die so genau gepasst haben, dass man schon gar nicht mehr an einen Zufall glauben mag.

Ein Zeichen ist nur dann ein Zeichen, wenn du es zu einem machst: Allein du entscheidest, was für dich Bedeutung hat.

KAPITEL 11

Die ultimative Gabe

Die Trauer bringt auch Geschenke; Geschenke, die aus der engen Bekanntschaft mit Verlust entstehen. Ich will nicht sagen, dass es sich dabei um ein gutes Geschäft handelt. Für diese Geschenke hast du teuer bezahlt – mit deinem früheren Leben.

Wahrscheinlich erträgst du nach deinem Verlust dummes Dahergerede schlechter. Vielleicht wirfst du Dinge aus deinem Leben, von denen du dich schon längst hättest trennen sollen. Vielleicht stürzt du dich voller Zuversicht ins Leben, im Wissen, dass dir das Schlimmstmögliche schon zugestoßen ist. Vielleicht fühlst du dich wie gepanzert, unbesiegbar. Vielleicht lebst du dein Leben intensiver, nicht nur im negativen Sinn. Vielleicht erkennst du durch deinen trauernden Blick tatsächlich mehr Liebe in dieser Welt.

Klar, du würdest all diese Geschenke nur zu gern gegen dein altes Leben eintauschen. Worauf ich hinauswill, ist: Trauer ist nicht ausschließlich ein Riesenhaufen Shit.

In diesem Kapitel erkunden wir, was Trauer dir schenken kann. – Keine Angst, du darfst diese Sachen annehmen, ohne deine Trauer dafür aufgeben zu müssen.

DER 13. GAST

Die 13 wird in der westlichen Kultur kritisch beäugt. Freitag der 13. gilt als Unglückstag. In manchen Gebäuden gibt es keinen 13. Stock; auf den 12. folgt direkt der 14. (Als könnte man irgendein Unglück verhindern, indem man eine Zahl überspringt.) Die Angst vor der 13 hat sogar eine vielsilbige psychiatrische Fachbezeichnung: Triskaidekaphobie.

Selbst Märchen schüren die Angst vor der 13. In der ursprünglichen Version von Dornröschen der Gebrüder Grimm hatten König und Königin nur zwölf goldene Teller, es gab aber 13 Feen. Anstatt noch irgendwo einen Teller aufzutreiben, lud das Königspaar einfach eine Fee nicht ein. Erst in späteren Versionen des Märchens wurde diese 13. Fee dann zur bösen Hexe, die wegen ihrer fiesen Art nicht eingeladen wurde.

Das Motiv der bösen alten Frau taucht in unzähligen Geschichten auf – manchmal handelt es sich um eine Hexe, manchmal um eine böse Stiefmutter, manchmal nur um einen unerwünschten Gast. In welcher Form auch immer diese Person auftritt, der Effekt ist immer der gleiche: Sie macht, dass die anderen sich unbehaglich fühlen. Deshalb schafft sie es nie auf die Gästeliste. Doch in vielen alten Märchen erscheint sie trotzdem zum Fest. Sie taucht auf, als 13. Gast, und spricht einen Fluch aus, der den anderen das Blut gefrieren lässt, oder bringt ein verstörendes Geschenk mit, das oft einen Todesfall ankündigt.

Wohlgemerkt ist der 13. Gast nicht für diesen Tod verantwortlich. Er spricht nur etwas aus, was keiner hören will. Ohne Scheu verkündet er sein Wissen über Dinge, denen andere lieber aus dem Weg gehen. Kein Wunder, dass niemand diese Person einlädt.

In Zeiten tiefer Trauer merkst du natürlich, welch schwarzen Schatten du über jede soziale Zusammenkunft bringst. Man vergisst praktischerweise, dich zum Nachbarschafts-Grillfest einzuladen oder zur Hochzeit einer Freundin. Niemand möchte, dass seine Feier von einem wandelnden Mahnmal an unsere Vergänglichkeit überschattet wird. Wer möchte auf seiner Party schon an Krankheit und Tod erinnert werden?

Wahrscheinlich schlägst du Einladungen sowieso aus, weil du weißt, welchen Effekt du auf andere hast. Schließlich kannst du momentan über nichts anderes reden als über Tod und Trauer. Andere Themen gibt es für dich im Augenblick nicht. Dir ist gerade nicht nach Feiern zumute.

Wie auch immer – in deiner Trauer fühlst du dich wahrscheinlich kaum irgendwo willkommen.

Kannst du dich in das oben genannte Märchen hineinversetzen? Bist du der weise Mensch, der ein verstörendes Geschenk zur Feier mitbringt? Wie sieht dich dein Umfeld? Fürchten sich die anderen? Sind sie abergläubisch? Fühlen sie sich unbehaglich? Lehnst du eine Einladung lieber ab, anstatt dein Wissen zu einer Feier mitzubringen?

Schreibe hier etwas über dich als 13. Gast.

DIE (GESELLSCHAFTLICHE) »DU KOMMST AUS DEM GEFÄNGNIS FREI«-KARTE

Wenn du tatsächlich auf eine Feierlichkeit eingeladen wirst, fällt dir die Entscheidung, ob du hingehen sollst oder nicht, wahrscheinlich auch schwer. Einerseits möchtest du nicht allein sein, andererseits fühlst du dich inmitten »normaler« Menschen unwohl.

Vielleicht hilft dir ja eine der folgenden Karten, wenn du nicht weißt, wie du auf eine Einladung antworten sollst. Schneide sie aus und überreiche diese Antworten sogar eventuell an Leute, die ein wenig schwarzen Humor oder Flapsigkeit aushalten. Die unbeschrifteten Karten sind für deine eigenen Antworten.

DEIN NEUES WISSEN

Große Verluste machen nicht notwendigerweise lebensweise, sie lassen aber doch manche Dinge in einem ganz neuen Licht erscheinen. Vielleicht bringst du jetzt mehr Empathie für andere auf? Vielleicht ziehst du deine Grenzen jetzt deutlicher als vor deinem Verlust? Vielleicht hast du neue Erkenntnisse über die Natur von Beziehungen gewonnen oder über den Zustand der Welt?

Was hast du aufgrund deines Verlustes gelernt? Schreibe unten auf, was du an Erkenntnissen gewonnen hast.

WAS ICH HEUTE WEISS

Meine Begleiterin ist die Trauer.
Habt ihr einen Platz für sie auf eurer

____

?

Danke für die Einladung. Ich bin zu traurig, um zu kommen.

Leider kann ich nicht zu deiner

______________________________,

kommen. Trauer mag keine Partys.

Ich schaffe es nicht zu deiner

______________________________.

Momentan ertrage ich das Glück anderer nicht.

Menschenansammlungen ertrage ich gerade nicht. Sollen wir uns stattdessen zum Tee treffen?

Komme zu meiner

______________________________.

Jedermanns Trauer ist willkommen.

Ich komme zu deiner

______________________________,

wenn du mir eine Aufgabe im Hintergrund gibst. Dann fällt es mir leichter.

@hereaftersocial

@hereaftersocial

@hereaftersocial

@hereaftersocial

@hereaftersocial

@hereaftersocial

@hereaftersocial

@hereaftersocial

@hereaftersocial

@hereaftersocial

DAS BESTE GESCHENK, UM DAS DU NIE GEBETEN HAST

Wähle eines deiner neuen Wissens-Geschenke von S. 114 (oder etwas ganz anderes) aus. Zeichne oder collagiere unten ein Bild, das dieses Geschenk symbolisiert. Welches ultimative Wissens-Geschenk hast du bekommen?

Halte dir dieses Bild vor Augen, wenn der Rest der Welt sich mit dir und dem, was du verkörperst, unbehaglich zu fühlen scheint. Du hast wichtige und mächtige Geschenke bekommen.

TEIL 3

RÜCKKEHR

KAPITEL 12

Ich möchte nicht zur »Normalität« zurückkehren

Verluste werden nicht überwunden, sondern integriert.

Insbesondere wenn der Verlust noch frisch ist, scheint die Vorstellung, die Trauer könne einmal nachlassen und der Verlust könne integriert werden, geradezu obszön. Für viele Menschen ist ihre Trauer die lebendigste Verbindung zu dem, was sie verloren haben. Nachlassende Trauer würde für sie bedeuten, dass ihr nicht gelebtes Leben, dass der verstorbene Mensch an Bedeutung verliert. Wenn man hinterher wieder ganz normal weiterleben kann, wie soll das Leben davor dann etwas Besonderes gewesen sein?

Halte unten fest, welche Ängste du mit dem »Überwinden« deiner Trauer verbindest. Fällt dir kein Einstieg ein, kannst du anfangen mit: »Wenn es mir wieder ›besser‹ geht, heißt das, dass ich dich noch einmal verliere?«

ÜBERLEBEN UND DAS VERGEHEN DER ZEIT

Der Spruch »Die Zeit heilt alle Wunden« ist nicht ganz richtig. Denn die Zeit heilt gar nichts, sie nimmt dem Verlust nur ein wenig die Schärfe. Sie mildert ihn, sie lässt ihn aber nicht verschwinden.

Stelle den Timer auf zehn Minuten und beantworte in dieser Frist eine der folgenden Fragen:

- Fürchtest du, dass die Zeit deinen Verlust in den Hintergrund treten lassen wird wie einen verblassenden Traum, wie etwas, das nie wirklich real war?

- Gab es Augenblicke, in denen du geglaubt hast, du könntest deinen Verlust überleben? Haben diese dich zutiefst erschreckt?

- Manchmal scheint die Zeit in der Trauer stillzustehen. Wenn du das Gefühl hast, die Zeit hätte wieder angefangen weiterzulaufen, was macht das mit dir?

Alternativ könntest du auch einfach frei drauflos schreiben, beginnend mit dem Satz: „Zeit kann dich nicht auslöschen ..«

KEIN VERTRAUEN MEHR IN DIE WELT

Manche Verluste lassen das eigene Weltbild zusammenstürzen. Wie kann es noch etwas Gutes in der Welt geben, wenn so etwas passieren kann? Wie soll da am Ende alles gut werden? Dieser Verlust an Vertrauen in das Positive in der Welt ist ein massiver Kollateralschaden. Du kannst nicht ent-wissen, was du weißt, und du kannst nicht ent-sehen, was du gesehen hast.

Schreibe in die Schilder, woran du nicht länger glaubst.

DER SCHMERZ-EISBERG

Oft, wenn wir unter Menschen sind, setzen wir unser »öffentliches« Gesicht auf, verstecken unseren privaten Schmerz hinter einer Maske und antworten: »Danke, mir geht es gut.« Der Großteil unserer Trauer bleibt der Umwelt verborgen. Es gibt so viel, was wir verschweigen.

Wenn du den Menschen etwas verraten könntest, eine Erkenntnis über Trauer und Liebe und Verlust, etwas, das sie nicht wissen oder nicht wissen können, was wäre das? Was würdest du sagen, wenn du ihnen die Wahrheit sagen dürftest?

Du könntest deine Antwort beginnen mit »Was du nicht weißt …« oder »Was man nicht sieht …« oder sogar mit »Natürlich habe ich mich verändert.« Stelle dir einen Timer und schreibe los.

ANDERE BESCHÜTZEN

> ANTONIO Wollt Ihr nicht länger bleiben? Und wollt auch nicht, dass ich mit Euch gehe?
>
> SEBASTIAN Mit Eurer Erlaubnis, nein. Meine Gestirne schimmern dunkel auf mich herab; die Missgunst meines Schicksals könnte vielleicht das Eurige anstecken. Ich muss mir daher Eure Einwilligung ausbitten, meine Leiden allein zu tragen. Es wäre ein schlechter Lohn für Eure Liebe, Euch irgendetwas davon aufzubürden.
>
> (aus: William Shakespeare: *Was ihr wollt.* Übers. v. August Wilhelm von Schlegel)

Wenn deine Gestirne dunkel auf dich herabscheinen, suchst du dann nach Einsamkeit oder riskierst du, deine Dunkelheit mit anderen zu teilen? Versuchst du, andere vor deinem Schmerz zu bewahren? Verschonst du sie, aus Liebe und aus Sorge um ihr Wohlergehen?

Müssen Menschen vor der Realität bewahrt werden, die du erlebst? Stelle einen Timer und formuliere deine Antwort.

EIN TRAUER-STAMMBAUM

> Einer von uns sagte, nur halb im Scherz, dies sei ein Ort, an dem wir Medusen unsere Kopfbedeckungen abnehmen dürften, da niemand sich am Anblick all der Schlangen störe. Denn wir ertragen nicht nur, einander anzusehen, wir dürsten sogar danach.
>
> (Kate Inglis, glowinthewoods.com)

Zwischen dir und der Welt da draußen klafft ein gewaltiger Abgrund. Diese Grenze war vielleicht nicht immer deutlich sichtbar, doch jetzt ist sie es. Jetzt ist der Moment, ab dem du andere Trauernde brauchst: Menschen, die dich anblicken und die Verwüstung in deinem Inneren tatsächlich sehen, wiedererkennen. Dieses Gesehen-Werden verändert etwas an deiner Trauer. Es hilft. Vielleicht als Einziges.

Zeichne einen Stammbaum derjenigen Menschen, die du in deiner Trauer gefunden hast. Schreibe auf, was sie dir geben und was du ihnen gibst. Vergiss dabei nicht deine Online-Freunde.

Wer in seiner Trauer Kameradschaft findet, überlebt.
Wir brauchen einander.

DIE GRUNDRECHTE DER TRAUERNDEN

Persönliche Beziehungen müssen während der Trauer viel aushalten. Hier zu deiner Orientierung eine Auflistung deiner Rechte als Trauernde/r:

Du hast das Recht auf Gesellschaft.
Du hast das Recht auf Einsamkeit.
Du hast das Recht, Menschen zu sagen, was hilfreich ist und was nicht.
Du hast das Recht, anderen Unbehagen zu verursachen.
Du hast das Recht, die Wahrheit auszusprechen.
Du hast das Recht, ungebetene Ratschläge zurückzuweisen.
Du hast das Recht, Entscheidungen zu treffen, die deine Bedürfnisse berücksichtigen und die derjenigen, die dir am nächsten stehen.
Du hast das Recht, Nein zu sagen.
Du hast das Recht, Ja zu sagen.
Du hast das Recht, um Hilfe zu bitten.
Du hast das Recht, Privates für dich zu behalten.
Du hast das Recht, zu ehren, wen oder was du verloren hast.
Du hast das Recht, Dingen so viel Bedeutung beizumessen, wie du willst.
Du hast das Recht, traurig zu sein.
Du hast das Recht, in Frieden gelassen zu werden.
Du hast das Recht, keine »Inspiration« für andere sein zu müssen.
Du hast das Recht, darauf zu bestehen, dass etwas grässlich – bzw. wunderbar – ist, ohne dass dir jemand widerspricht.
Du hast das Recht, Pausen einzulegen – von Gefühlen und von Menschen.
Du hast das Recht, dich zu verändern.
Das hast das Recht, dich hin- und hergerissen zu fühlen.

Jetzt bist du dran. Schreibe auf die nächste Seite deine ganz persönliche Liste deiner Rechte in Beziehungen. Dekoriere sie hübsch, gestalte sie ansprechend. Dann fotografiere sie und trage sie auf deinem Handy immer bei dir. Besonders hilfreich kann ein Blick auf die Liste nach einer weniger hilfreichen Begegnung mit einem Mitmenschen sein.

KAPITEL 13

Deine Trauer, dein Weg

Trauer hat nicht den Zweck, Leute zu erleuchten. Niemand braucht einen fürchterlichen, das Leben erschütternden Verlust, um so zu werden, wie es ihm »bestimmt« war. Das Leben läuft nicht derartig zielgerichtet ab: Dir ist bestimmt, jemand zu werden, also unterzieht dich das Leben einer fürchterlichen Prüfung, damit du so wirst. Ganz im Gegenteil – das Leben ist eine endlose Abfolge von Reiz und Reaktion. Wir reagieren auf das, was wir erleben, und das ist weder gut noch schlecht. Es ist einfach so. Und das Ziel heißt Integration, nicht Genesung.

Manche Verluste stellen die Welt der Betroffenen auf den Kopf. Manche Todesfälle verändern den Blick auf alles. Es gibt Trauer, die alles einreißt. Schmerz, der uns in ein gänzlich anderes Universum versetzt, auch wenn alle um uns herum glauben, eigentlich hätte sich nichts verändert.

Du hast diesen Verlust nicht gebraucht, um zu lernen, was im Leben wirklich zählt. Du hast nichts verloren, damit etwas »Besseres« seinen Platz einnimmt. Hier geht es nicht um Transformation. Und du kannst nicht einfach beschließen, dies alles sei zu deinem Besten, und eine Bedeutung in all dem finden und fröhlich ein Liedchen pfeifen.

Du hast all das nicht gebraucht. Du musst daran nicht wachsen, du musst es aber auch nicht überwinden. Aufforderungen, das alles jetzt mal hinter dir zu lassen, sind völlig unrealistisch – und beschämen dich als den Adressaten nur zu häufig. Lebensverändernde Umwälzungen gehen nicht einfach vorbei, ebenso wenig sind sie eine Strafe für irgendein Fehlverhalten. Sie verändern uns. Sie werden Teil des Fundaments, auf dem unser zukünftiges Leben beruht. Vielleicht baust du auf diesem neuen Fundament tatsächlich etwas Besseres auf. Vielleicht achtest du in Zukunft mehr auf Schönheit, Liebe und Ganzheitlichkeit. Aber das entscheidest du ganz allein. Nur du weißt, wer du bist und wer du sein möchtest. Trauer ist weder Voraussetzung noch Garantie dafür, dass man ein besserer Mensch wird. Wenn du für dich Bedeutung in deinem Verlust erkennst und eine Chance, daran zu wachsen, dann ist das ein Akt persönlicher Souveränität und Selbsterkenntnis. Schreibt jemand anderes hingegen deinem Verlust Bedeutung zu, nimmt er dir damit Souveränität. Er lässt dich dumm dastehen, weil du die angebliche Bedeutung nicht siehst, oder kritisiert indirekt, wer du vorher warst. Kommentare wie »Das hat dich zu einem besseren Menschen gemacht« implizieren, du hättest das irgendwie gebraucht.

ÜBER SOUVERÄNITÄT

Souveränität ist das uneingeschränkte Recht und die Macht zur selbstbestimmten Wahrung der eigenen Angelegenheiten, ohne Einmischung von außen. In deiner Trauer bist du völlig souverän.

Souveränität bedeutet, auf dem Recht zu bestehen, man selbst zu sein, auch wenn das anderen nicht passt. Souveränität beinhaltet das Recht, selbst zu entscheiden, was Bedeutung hat und was Trost bringt.

Du ganz allein musst das erleben, und du allein darfst entscheiden, was du brauchst. Notiere im folgenden Freiraum deine Gedanken dazu. Nimm dir zehn Minuten Zeit oder so lange du brauchst. Beginne mit: »Allein ich habe das Recht ...«

ALLEIN DEINE WAHRHEIT ZÄHLT

Du kennst sicher blöde Kommentare wie: »Er hätte sich nicht gewünscht, dass du traurig bist.« Darauf würde ich am liebsten erwidern: »Ziemlich sicher würde er sich wünschen, dass ich die Wahrheit sage und meine Gefühle nicht verleugne.«

Die eigene Wahrheit auszusprechen, ist ein Akt der Souveränität, selbst wenn man dabei jemand anderem auf den Schlips tritt. Manchmal fühlt es sich nötig an, auf diesem Recht zu bestehen. Und man besteht darauf, indem man NEIN sagt.

Nein ist wichtig.

Nein ist ein Protest gegen Unterstellungen und Lügen.

Nein zu sagen, ist, wie einen Schutzwall um all das hochzuziehen, was wahr ist, und es so für sich zu beschützen.

Oft versucht die Außenwelt, deinen Fokus auf die Schönheit in der Trauer zu richten oder zumindest auf einen Funken Hoffnung, an den du dich klammern könntest. Du müsstest doch wenigstens versuchen, glücklich zu sein, findet sie. Streng dich halt ein wenig an! Kaum sprichst du deine Wahrheit aus, fällt dir dein Gegenüber schon ins Wort und erwidert, so dürftest du nicht fühlen.

Es ist wichtig, *Nein* zu sagen. Es ist wichtig, die Wahrheit auszusprechen. Nur deine Wahrheit zählt!

Spiele auf den folgenden eineinhalb Seiten mit den Vorstellungen, wozu du Nein sagen darfst und inwiefern du in deiner Trauer souverän bist. Stelle einen Timer und beginne mit dem Satz: »Es gibt nur meine Wahrheit ...«

STÄRKE STATT ZUCKERGUSS

Kennst du diese Erwartung an dich: »Du sollst stark sein«? Aber selbst ein ganzes Team von Cheerleadern, das deine Stärke anfeuert, hilft dir kaum. Denn »stark sein« ist oft nur ein Code dafür, dass man sich von seinem Verlust nicht beirren lässt und Haltung bewahrt. »Sei stark« ist also eine merkwürdige Aufforderung an einen trauernden Menschen.

Aber klar, du brauchst Stärke – Stärke, um diesen Tag hier zu überleben, obwohl du dir nur wünschst, du würdest nicht mehr aufwachen. Du brauchst Stärke, um dich darauf zu konzentrieren, was an Liebe bleibt, anstatt dich in Bitterkeit und Hass zu verlieren. Aber nur du allein darfst deine Stärke benennen, du allein entscheidest, was du damit anstellst und was sie bedeutet.

Stelle auf dieser und der folgenden Seite deine Stärke dar, in einer Zeichnung oder einer Collage. Was trägst du in dir, das dir hilft, diese Trauer zu überleben?

DANKBARKEIT

Dankbarkeit ist auch so eine Waffe, die Nicht-Trauernde gerne schwingen. Sie sagen dann gerne so etwas wie:

> *Hör auf, so traurig zu sein. Du hast ja noch zwei Kinder. Du solltest dankbar sein für sie.*

> *Woanders müssen die Menschen zusätzlich zu ihrer Trauer mit Krieg und Gewalt fertig werden. Manche Trauernde haben nicht einmal mehr ein Zuhause. Sei dankbar für das, was dir noch bleibt!*

> *Du solltest dankbar sein, dass du so eine Liebe überhaupt erlebt hast. Den meisten Menschen ist so etwas nie vergönnt.*

Damit soll der Trauernde beschämt werden. Oh, wie ich diese Selbstgerechtigkeit hasse!

Der Umstand, dass es andere noch schlimmer haben als du, nimmt dir nicht dein Recht auf Trauer. Nur weil du die verbliebenen Menschen in deinem Leben liebst und schätzt, ist es noch lange nicht okay, dass ein wichtiger Mensch fehlt.

Wie Schönheit und Bedeutung begleitet dich Dankbarkeit in der Trauer, sie ist aber keine Lösung für irgendetwas. Nutze den Platz auf der folgenden Seite, um festzuhalten, wofür du dankbar bist … nach deinen eigenen Maßstäben.

Wenn du Dankbarkeit in deiner Trauer siehst, ändert es etwas an deinen Gefühlen, wenn du sie aussprichst?

EIN FREUNDLICHERER BLICK

Manche Urteile darf man nur selbst fällen.

Schau dir nur die Ringe unter deinen Augen an! Und diese Falten! Die Trauer hat dich altern lassen. Du weißt, all das würde dir leichter fallen, wenn du nur besser essen und ins Fitnessstudio gehen würdest. Wie kannst du nur den ganzen Tag schlafen? Der Mensch, der dir genommen wurde, hätte so gern noch einen solchen Tag gehabt, und du verschwendest ihn!

Mannometer!

Du gehst aber streng mit dir ins Gericht! Du wirfst dir vor, das mit der Trauer nicht richtig hinzubekommen. Die meisten Menschen reden viel gemeiner mit sich selbst, als sie es anderen je erlauben würden. Machen wir deshalb einmal ein Experiment. Aber Vorsicht, es wird dir nicht leichtfallen!

Klebe ein Foto von dir auf die nächste Seite (oder male dich selbst).

Beschrifte nun die Teile deines Gesichts, deines Körpers und deines Geistes, *als wärst du jemand, der dich liebt.*

Anstatt die Falten um die Augen als grässlich zu bezeichnen, als fürchterliche, hässliche Krähenfüße, die von deiner Trauer zeugen, könntest du einen Pfeil zu ihnen zeichnen und daran schreiben: »Schwer verdiente Falten, die Tränen von meinen Augen wegleiten.« Ein auf den Kopf zeigender Pfeil könnte beschriftet sein mit: »Ein wacher Verstand, der Überstunden macht, um einen Sinn in all dem zu erkennen.«

Solltest du stecken bleiben – was bestimmt passiert – frage dich: Was würde ich sehen, wenn ich mich mit einem freundlicheren Blick betrachten würde?

KAPITEL 14

Wie man mit Hilfe umgeht, die nicht hilft

Oft fühlen sich die Hilfsversuche anderer, und seien sie noch so gut gemeint, kein bisschen hilfreich an. Man bombardiert uns mit Gemeinplätzen und hirnlosen Aufmunterungen. Leider sind dabei grobe, unsensible, abwertende Kommentare die Norm. Dabei sind die meisten Menschen nicht absichtlich grausam, sie wissen es schlicht nicht besser.

Doch nur, weil sie es nicht besser wissen, musst du ihre Worte nicht einfach lächelnd schlucken.

Die Übungen in diesem Kapitel zeigen, wie du deine innere Ablehnung all dieser nicht hilfreichen Hilfe ausdrücken kannst, und sie geben dir Instrumente an die Hand, die dir helfen, deine Grenzen gegenüber denjenigen, die es einfach nicht kapieren (wollen), zu verdeutlichen und zu verteidigen.

DU WILLST DOCH NUR »NETT« SEIN

Wir fahren Menschen nicht gleich über den Mund, wenn sie unsensible Dinge sagen. Wir erklären ihnen nicht, wie gemein oder wenig hilfreich ihr Kommentar gerade war, selbst wenn er uns ziemlich beleidigt hat. Warum? – Weil wir »nett« sein wollen.

Aber »Nett«-Sein bedeutet in diesem Fall, die Wahrheit herunterzuschlucken, weil diese Wahrheit die soziale Ordnung stören würde. »Nett«-Sein bedeutet, sich selbst auf die Zunge zu beißen, damit andere sich nicht unwohl fühlen müssen. »Nett«-Sein bedeutet, dass man anderen ihre Grobheiten durchgehen lässt, damit sie sich nicht schämen müssen.

Stelle dir einen Timer und schreibe deine Antworten zu folgenden zwei Fragen auf:

> Was gewinne ich durch mein Nett-Sein?
> Was verliere ich durch mein Nett-Sein?

Du kannst freundlich sein, aber du musst nicht nett sein.

STECKST DU IN DER TRAUER FEST?

Ich werde oft gefragt, was man tun soll, wenn ein Freund oder Angehöriger in seiner Trauer »feststeckt«. Darauf antworte ich regelmäßig: »Wie würde es für Sie aussehen, nicht ›festzustecken‹? Was erwarten Sie?«

Für die meisten Leute bedeutet »nicht feststecken«, dass der Betreffende wieder zur Arbeit geht, seinen Sinn für Humor wiederfindet, geselligen Ereignissen beiwohnt, nicht jeden Tag weint, die Fotos des geliebten Menschen wegräumt und auch mal wieder über etwas anderes reden kann als seinen Verlust oder seine Trauer. Dass er wieder ... glücklich wirkt.

Wobei wir »glücklich« mit »gesund« gleichsetzen, als wäre Glücklich-Sein die Norm, zu der alles wieder zurückkehrt, wenn man es nur »richtig« macht. Kurz: »Zur Normalität zurückkehren« ist das Gegenteil von »feststecken« – und der Betreffende soll doch bitte flott zur Normalität zurückkehren (und glücklich sein).

Aber es kann ja nicht das Ziel sein, dass der Trauernde seinen Verlust überwindet. Nein, das Ziel ist, diesen Verlust zu integrieren. Und dann bedeutet in der Trauer »stecken zu bleiben« etwas ganz anderes.

Halte auf dieser Seite (schriftlich, mit einem Bild oder einer Collage) fest, wie die Menschen in deiner Umgebung »in Trauer feststecken« definieren würden. Und auf der nächsten Seite stellst du dar, wie »feststecken« für dich aussieht.

DER PLATTITÜDEN-CHECK

Fragst du dich gelegentlich, warum sich dir nach einem scheinbar harmlosen Kommentar die Nackenhaare aufstellen? Dann mach den Plattitüden-Check. Schreibe den Kommentar in die linke Spalte und spüre nach, wie er sich mit dem zweiten Teil des Satzes macht. Hier einige Beispiele:

Wenigstens hattest du ihn eine Zeit lang	... also hör auf, so traurig zu sein.
Er befindet sich jetzt an einem besseren Ort	... also hör auf, so traurig zu sein.
Jetzt siehst du mal, wie stark du bist	... also hör auf, so traurig zu sein.
Es hat nicht sollen sein	... also hör auf, so traurig zu sein.

... also hör auf, so traurig zu sein.

... also hör auf, so traurig zu sein.

... also hör auf, so traurig zu sein.

... also hör auf, so traurig zu sein.

... also hör auf, so traurig zu sein.

... also hör auf, so traurig zu sein.

DER ÜBELKEITS-FAKTOR

Musst du eine Entscheidung treffen? Vielleicht seinen bzw. ihren Schrank ausräumen? Umziehen oder bleiben? Den Job wechseln, eine neue Beziehung eingehen, die alten Fotos wegräumen, den Ring abnehmen? Trauernde werden mit so vielen unerbetenen Ratschlägen und Kommentaren bombardiert, dass sie manchmal gar nicht mehr wissen, was sie eigentlich selbst möchten.

Lass dich von den Ängsten anderer Menschen nicht zu Entscheidungen drängen, für die du noch nicht bereit bist. Was schadet es schon, wenn die Schuhe des geliebten Menschen noch weiter auf dem Fußabstreifer stehen und du sie eben noch nicht weggeräumt hast? (Wenn das jemand anderen nervös macht, Pech für ihn!)

Der »Übelkeits-Faktor« ist eine große Hilfe bei der Entscheidungsfindung, ob du etwas Bestimmtes tun solltest: Wenn dir allein der Gedanke an bestimmte Entscheidungen Übelkeit verursacht, ist die Zeit dafür noch nicht gekommen. Beim Trauern gibt es kein »zu früh« oder »zu spät«. Du wirst schon machen, was du tun musst, wann du es tun musst. Nicht einen Augenblick früher. Manche Dinge werden sich nie gut anfühlen, aber solange dir der Gedanke an etwas Übelkeit verursacht, ist es noch zu früh dafür.

Sortiere alle Entscheidungen, die du treffen musst – oder von denen du glaubst, du solltest sie treffen – nach ihrem Übelkeits-Faktor. Welche Entscheidung verursacht dir Übelkeit? Welche nicht? Entscheidungen, die keine großen Gefühle auslösen, schreibst du in die Mitte.

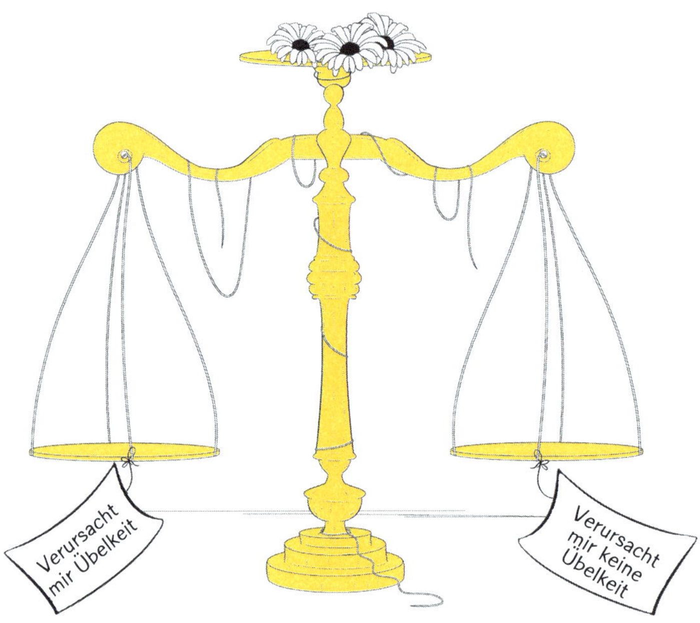

DINGE, DIE DU NICHT BEHALTEN KANNST

Ein altes Erbstück geht kaputt, Motten befallen den Pullover des geliebten Menschen, ein entfernter Verwandter erhebt Anspruch auf etwas, oder du hast schlicht keinen Platz mehr – egal, wie sehr du es dir vielleicht wünschst, du kannst nicht alles behalten, was dich an den bzw. die Verstorbene/n erinnert.

Klebe auf diese und die folgende Seite Fotos (oder mache Zeichnungen) von Dingen, die du weggeben oder wegwerfen musstest. Schreibe ein paar Sätze dazu, was die Objekte für dich bedeutet haben.

EIN AUFBEWAHRUNGSORT FÜR DINGE, DIE ICH NICHT BEHALTEN KANN.

Für die meisten Dinge kannst du dir ruhig Zeit nehmen. Lasse dich nicht von anderen Menschen zu Dingen nötigen, für die du noch nicht bereit bist.

»SOLLTEST DU DAS MITTLERWEILE NICHT ÜBERWUNDEN HABEN?«

Oh, ich weiß, du hast versucht, Menschen etwas über deine Trauer zu erzählen. Du hast versucht, ihnen klarzumachen, warum der Spruch »Alles geschieht aus gutem Grund« ein fürchterlicher Satz ist. Du hast versucht, dein Recht auf Traurigkeit zu verteidigen, als dein Nachbar meinte, es wäre allmählich Zeit, wieder nach vorn zu blicken. Du hast es sogar mit Mitgefühl probiert. Aber all dein Lächeln und Kopfnicken ermunterte die Menschen offenbar nur zu weiteren guten Ratschlägen.

Manche kapieren es nie. Nicht, weil sie zu dumm wären, nein, sie sperren sich einfach dagegen. Deine Worte werden nie zu ihnen durchdringen.

Aber erinnere dich: Deine Trauer gehört dir, wie deine Liebe auch. Niemand hat das Recht, dir vorzuschreiben, was du tun sollst, keiner hat das Recht, zu beurteilen, was du tust, oder abzutun, was du durchmachst. Allerdings lassen sich viele von diesem Umstand nicht abhalten.

Ihre Urteile fällen Menschen also auf jeden Fall. Wenn du sie aber nicht hören willst, musst du deine Grenzen behaupten. Du musst unmissverständlich klarmachen, dass deine Trauer nicht zur Debatte steht. Punkt, Ende.

Das ist natürlich leichter gesagt als getan. Deswegen skizziere ich dir hier die notwendigen Schritte:

Diese drei Schritte können, konsequent angewendet, die Zahl der Urteile, die du zu hören bekommst, erheblich verringern. Du wirst es immer besser schaffen, Urteile schwingenden Verrückten auszuweichen wie ein Aikido-Meister.

Und so könnte die Anwendung dieser Schritte in der Praxis aussehen:

Angenommen, du hast mit jemandem eine Stunde lang über Trauer gesprochen. Oder vielmehr deine Trauer verteidigt. Befreien wir dich daraus.

Erstens, sprich die Sorge des anderen an: »Ich weiß dein Interesse an meinem Leben zu schätzen.«

Zweitens, zeige klar, wo deine Grenzen verlaufen: »Ich weiß dein Interesse an meinem Leben zu schätzen. Aber ich lebe so, wie es sich für mich richtig anfühlt. Ich habe kein Interesse daran, darüber zu diskutieren.«

Dieser Hinweis auf deine Grenzen wirkt besonders gut, wenn du darauf gleich den dritten Schritt machst und das Thema wechselst: »Wir können gern über etwas anderes sprechen, aber darüber lasse ich nicht mit mir reden.«

Ich weiß, das klingt jetzt formelhaft und irgendwie künstlich. Aber die Botschaft – und zu der gehört die förmliche Wortwahl – lautet, dass du eine klare Grenze ziehst und nicht zulässt, dass sie verletzt wird.

Sollte dein Gegenüber diesen Umstand nicht akzeptieren und zu diskutieren versuchen, bleibst du einfach bei der strikten Formel: »Über dieses Thema diskutiere ich nicht.« Und dann wechselst du das Thema.

Gibt der andere dann immer noch keine Ruhe, darfst du das Gespräch ruhig abbrechen – dich umdrehen und weggehen oder dich verabschieden und auflegen. Wichtig ist, dass du dich in keine Diskussion verwickeln lässt. Über deine Trauer musst du nicht diskutieren. Du musst sie nicht rechtfertigen.

Anfangs fühlt sich diese Methode wahrscheinlich merkwürdig an, doch mit zunehmender Übung wird es dir immer leichter fallen, deine Grenzen klarzustellen und Gespräche umzubiegen. Irgendwann kapieren es die Menschen in deinem Leben dann – nicht, dass du so trauern darfst, wie es sich für dich richtig anfühlt, sondern dass du nicht bereit bist, über dieses Thema zu diskutieren – oder sie gehen. Selbst Menschen, die du für einen festen, unverrückbaren Teil deines Lebens gehalten hast, verschwinden irgendwann, wenn sie sich nicht mit deinen Grenzen abfinden können.

Trauer wird deine Beziehungen massiv verändern. Manche Menschen werden die Sache mit dir durchstehen, manche werden wegfallen. Manche, von denen du dachtest, sie würden immer an deiner Seite stehen, werden völlig verschwinden. Andere hingegen, die bisher in deinem Leben nur eine Nebenrolle gespielt haben, reichen dir die Hand und unterstützen dich auf unvorhergesehene Weise.

Diejenigen Menschen in deinem Leben, die mit deinen Grenzen umgehen können – oder die sogar zu schätzen wissen, dass du deinem Herzen treu bleibst –, werden es mit dir schaffen. Die anderen darfst du loslassen – dankbar, bestimmt und voller Liebe.

MEINE STANDARDSÄTZE

Du musst deine Trauer nicht verteidigen. Benimmt sich jemand wie ein Idiot (absichtlich oder nicht), helfen dir Standardsätze, um das Thema zu wechseln oder dich aus dem Gespräch auszuklinken.

Überlege dir schon jetzt, was du sagen willst, wenn dich jemand in ein Streitgespräch verwickeln möchte. Schreibe dir deine Standarderwiderung auf und fotografiere sie mit dem Handy. Dann hast du sie jederzeit zur Hand. Vergiss nie: Es geht nicht darum, eine Debatte zu gewinnen, sondern sinnlose Diskussionen zu vermeiden.

KAPITEL 15

Freunde, Verbündete und die Bitte um Hilfe

Klar, manche Zeitgenossen sind leider Vollidioten, aber die meisten Menschen wollen wirklich helfen.

Eine intensive Mischung aus Hilflosigkeit und Liebe lässt Menschen in deiner Umgebung verzweifelt wünschen, es ginge dir besser. Sie möchten, dass du wieder glücklich bist. Denn es tut weh, geliebte Menschen leiden zu sehen.

Allerdings brauchst du weder Ratschläge noch Patentrezepte. Du musst auch nicht aufgeheitert werden, sondern brauchst jemanden, der deine Trauer wahrnimmt und anerkennt. Du brauchst jemanden, der dir die Hand hält, während du erschüttert dastehst und in das Loch starrst, wo früher dein Leben war.

Dieses Kapitel hilft dir, anderen zu zeigen, wie sie dir beistehen können. Falls es dir an Energie fehlt, gutmeinende Freunde und Angehörige zu belehren, können die „Werkzeuge« in diesem Kapitel das für dich tun.

Den meisten Menschen fällt es schwer, um Hilfe zu bitten. Male deshalb das Bild auf der nächsten Seite zur Entspannung bunt aus.

PRAKTISCHE UND UTOPISCHE IDEEN ENTWICKELN

Schreibe all die Hilfe auf, die du dir von anderen nur vorstellen kannst – von Freunden, Angehörigen, Therapeuten, Ärzten oder sogar Wildfremden. Sei so ungezügelt und anspruchsvoll, wie du nur magst. An dieser Stelle ungeniert um alles zu bitten, lässt dich vielleicht Dinge entdecken, auf die du mit »realistischen« Überlegungen und deinem ständigen Bestreben, anderen möglichst wenig zur Last zu fallen, nie gekommen wärst.

Sobald du deine Punkte hingeschrieben hast, gehe sie noch einmal durch und umringle alle, um die du jemanden bitten kannst, der seine Hilfe anbietet. Nimm vielleicht sogar verschiedene Farben für verschiedene potenzielle Helfer, um verschiedene Aufgaben zuzuordnen.

DEIN »WIE DU MIR HELFEN KANNST«-FLYER

Die meisten Menschen meinen es gut, nur helfen sie uns mit dem, was sie tun, oft gar nicht, sondern kränken und verletzen uns sogar.

Aber du steckst mitten in deiner Trauer. Du hast einfach nicht die Energie, andere darüber zu belehren, wie sie dich am besten unterstützen. Vielleicht weißt du selbst gar nicht, was du bräuchtest. Wie sollst du da anderen etwas Vernünftiges sagen können?

Reiche dieses handliche Infoblatt allen hilfsbereiten Freunden und Angehörigen. Auf diese Weise musst du keine weitere Energie auf Erklärungen verschwenden, warum der Satz „Wenigstens weißt du jetzt, was im Leben wirklich zählt« kein hilfreicher Kommentar ist.

Achte darauf, den Abschnitt »Ich weiß nicht, wie ich helfen soll« auf der Rückseite des Infoblatts mit spezifischen Wünschen zu ergänzen, was jemand für dich tun kann. Vielleicht schreibst du ja Wünsche hin wie »An Dienstagabenden die gelbe Tonne an den Straßenrand stellen« oder »Toll wäre ein kinderfreundliches geliefertes Abendessen ein paar Tage die Woche«. Mache deinen Hilfstruppen ganz konkrete Vorschläge.

Schreibe spezielle Bitten auf, schneide dann die Seite aus, kopiere sie, falte sie dann zweimal, damit sie wie ein Flyer aussieht, und verteile sie.

DANKE FÜR DEINE SORGE!

Es ist ganz normal, dass sich das Umfeld um die emotionale Gesundheit eines Trauernden sorgt. Aber wie sagst du wohlmeinenden Freunden, dass sie aufhören sollen, sich den Kopf zu zerbrechen? Ganz einfach: Du gibst ihnen eine »Danke für deine Sorge!«-Karte. Vereinbart ein beliebiges Wort oder ein Emoji als Geheimcode dafür, wie du dich fühlst. So kannst du Freunden, die sich nach deinem Befinden erkundigen, einen Code schicken – und ihr beide wisst, was er bedeutet.

Trenne die gegenüberliegende Seite an der inneren Linie aus dem Buch. Kopiere Vorder- und Rückseite auf festes Papier, schneide dann die einzelnen Karten aus und gib sie Menschen, die du liebst.

Verwende folgende Code-Vorlagen zusammen mit den Karten oder separat:

Unser Geheimcode für »Mir geht es gerade einigermaßen« lautet

______________________________.

Unser Geheimcode für »Lass uns irgendwohin gehen und über etwas anderes reden« lautet:

______________________________.

Unser Geheimcode für »O mein Gott, ist das schlimm! Ich könnte Beistand brauchen« lautet:

______________________________.

Unser Geheimcode für »Notfall! Ich brauche Hilfe!« lautet:

______________________________.

Es ist schwer, andere leiden zu sehen.

Danke, dass du zu mir stehst.

Es ist schwer, andere leiden zu sehen.

Danke, dass du zu mir stehst.

Es ist schwer, andere leiden zu sehen.

Danke, dass du zu mir stehst.

Es ist schwer, andere leiden zu sehen.

Danke, dass du zu mir stehst.

Es ist schwer, andere leiden zu sehen.

Danke, dass du zu mir stehst.

Es ist schwer, andere leiden zu sehen.

Danke, dass du zu mir stehst.

Danke, dass du nachfragst. Manchmal fehlen mir die Worte für eine Antwort. Machen wir es uns leichter.

Unser Geheimcode für »Mir geht es gerade einigermaßen« lautet

______________________________.

Unser Geheimcode für »Lass uns irgendwohin gehen und über etwas anderes reden« lautet:

______________________________.

Unser Geheimcode für »O mein Gott, ist das schlimm! Ich könnte Beistand brauchen« lautet:

______________________________.

Unser Geheimcode für »Notfall! Ich brauche Hilfe!« lautet:

______________________________.

Danke, dass du nachfragst. Manchmal fehlen mir die Worte für eine Antwort. Machen wir es uns leichter.

Unser Geheimcode für »Mir geht es gerade einigermaßen« lautet

______________________________.

Unser Geheimcode für »Lass uns irgendwohin gehen und über etwas anderes reden« lautet:

______________________________.

Unser Geheimcode für »O mein Gott, ist das schlimm! Ich könnte Beistand brauchen« lautet:

______________________________.

Unser Geheimcode für »Notfall! Ich brauche Hilfe!« lautet:

______________________________.

Danke, dass du nachfragst. Manchmal fehlen mir die Worte für eine Antwort. Machen wir es uns leichter.

Unser Geheimcode für »Mir geht es gerade einigermaßen« lautet

______________________________.

Unser Geheimcode für »Lass uns irgendwohin gehen und über etwas anderes reden« lautet:

______________________________.

Unser Geheimcode für »O mein Gott, ist das schlimm! Ich könnte Beistand brauchen« lautet:

______________________________.

Unser Geheimcode für »Notfall! Ich brauche Hilfe!« lautet:

______________________________.

Danke, dass du nachfragst. Manchmal fehlen mir die Worte für eine Antwort. Machen wir es uns leichter.

Unser Geheimcode für »Mir geht es gerade einigermaßen« lautet:

______________________________.

Unser Geheimcode für »Lass uns irgendwohin gehen und über etwas anderes reden« lautet:

______________________________.

Unser Geheimcode für »O mein Gott, ist das schlimm! Ich könnte Beistand brauchen« lautet:

______________________________.

Unser Geheimcode für »Notfall! Ich brauche Hilfe!« lautet:

______________________________.

Danke, dass du nachfragst. Manchmal fehlen mir die Worte für eine Antwort. Machen wir es uns leichter.

Unser Geheimcode für »Mir geht es gerade einigermaßen« lautet

______________________________.

Unser Geheimcode für »Lass uns irgendwohin gehen und über etwas anderes reden« lautet:

______________________________.

Unser Geheimcode für »O mein Gott, ist das schlimm! Ich könnte Beistand brauchen« lautet:

______________________________.

Unser Geheimcode für »Notfall! Ich brauche Hilfe!« lautet:

______________________________.

Danke, dass du nachfragst. Manchmal fehlen mir die Worte für eine Antwort. Machen wir es uns leichter.

Unser Geheimcode für »Mir geht es gerade einigermaßen« lautet:

______________________________.

Unser Geheimcode für »Lass uns irgendwohin gehen und über etwas anderes reden« lautet:

______________________________.

Unser Geheimcode für »O mein Gott, ist das schlimm! Ich könnte Beistand brauchen« lautet:

______________________________.

Unser Geheimcode für »Notfall! Ich brauche Hilfe!« lautet:

______________________________.

ES FÄLLT UNS SCHWER, UM HILFE ZU BITTEN

Wie fühlt es sich für dich an, wenn du andere um Hilfe bittest? Wahrscheinlich tust du dich damit schwer, wie die meisten Menschen. Aber vergiss nie, dass deine Freunde helfen *möchten*. Sie wollen, dass du ihnen gestattest, dich zu lieben, so gut sie es können. Es ist okay, um das zu bitten, was du brauchst.

Male die Botschaft unten bunt an. Zeichne, kritzle oder collagiere drum herum. Dann fotografiere das Ganze mit dem Handy und trage es immer bei dir. Oder mache es zu deinem Bildschirmhintergrund, damit du nie vergisst, aus dem Reservoir an Liebe zu schöpfen, das dich umgibt.

VORHER

KAPITEL 16

Meister zweier Welten

In Trauer zu leben bedeutet, immer wieder eine Brücke zu überqueren, die das, was vorher war, mit dem verbindet, was heute ist. Irgendwann wirst du dich in dieser neuen Welt einrichten, aber du verabschiedest dich nicht einfach von dem Leben, das du vorher hattest, ohne je zurückzublicken. So ticken Menschen nicht.

Wir überleben unsere Trauer, indem wir die Verbindung zwischen diesen beiden Welten finden. In Wahrheit können wir nichts festhalten – keine physischen Dinge, keine Gefühlszustände, nicht mal unsere Gedanken. Aber Liebe ... Liebe können wir immer in uns tragen. Sie verbindet das, was jetzt ist, mit dem, was war, und dem, was kommen wird. Sie erlaubt uns, zwischen den Welten zu pendeln.

ÜBER ERINNERUNGEN

Gerade am Anfang der Trauer spielen wir Ereignisse und Erinnerungen immer wieder im Geiste durch, im verzweifelten Versuch, sie festzuhalten. Wir haben so viel verloren und fürchten, das wenige, was uns verblieben ist, auch noch zu verlieren: die Dinge, an die wir uns erinnern, die inneren Bilder von unserem früheren Leben. Gleichzeitig gibt es Dinge, die wir nur zu gern vergessen würden: die Bilder, wie der geliebte Mensch leidet, oder die Erinnerung an den letzten Streit.

Erinnerungen können eine komplizierte Sache sein.

Stelle einen Timer und schreibe über deine Beziehung zu Erinnerungen. Beginne mit dem Satz: »Ich möchte mich erinnern an ...«

Abwechselnd könntest du deine Sätze auch so anfangen: »Ich muss vergessen, ...«

Fülle diese Seite mit deinen Erinnerungen.

WAS SIND DEINE SCHÄTZE?

Zeichne, collagiere oder notiere jene Erinnerungen, die dir am teuersten sind: kleine Impressionen, eure erste Begegnung, den Zauber eurer Morgenroutine, ihre/seine Art, in den merkwürdigsten Augenblicken Witze zu reißen. Welche Dinge bewahrst du in dieser Schatzkiste auf?

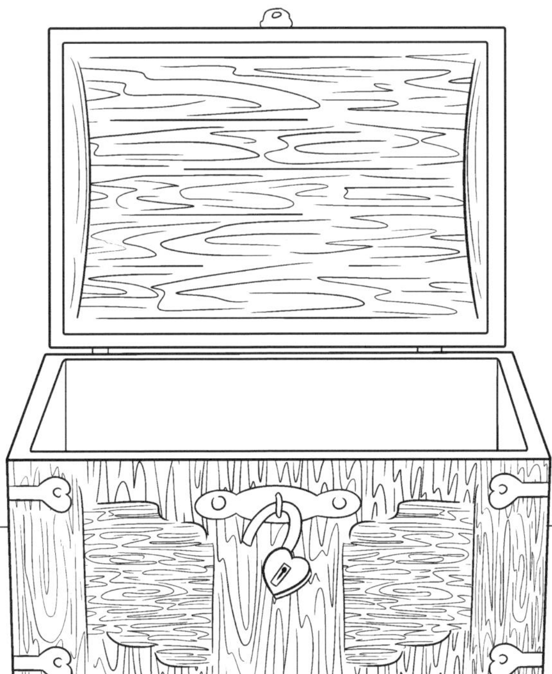

BEGLEITER, KEIN ERSATZ

Helfer, sei es nun in der Trauer oder sogar im Alltagsleben, schwingen gern die »Ja, aber«-Keule: *Ja, sie ist tot, aber du solltest dankbar sein. Ja, du bist traurig, aber die Sonne scheint doch. Diese Blumen sind so hübsch – fühlst du dich da nicht gleich besser? Du hast immer noch ein wunderbares Leben, warum denkst du immer noch an ihn?*

Schöne Dinge ersetzen keine anderen Dinge. Augenblicke des Glücks oder des Genusses negieren keine anderen Gefühle. Das Leben ist keine Tauschbörse, bei der wir ein Ding gegen ein anderes eintauschen. Vielmehr sollten wir schöne Augenblicke und Gefühle als Begleiter betrachten:

> Sonnenlicht, das über ein Blumenfeld zieht, besteht neben der Leere, die du fühlst.
> Das Lachen eines geliebten Menschen sitzt neben deiner Trauer.
> Du freust dich über das Baby einer Freundin und bist so wütend, dass deines gestorben ist.

Das Leben ist nicht entweder/oder. Es ist sowohl/als auch.

Zeichne und schreibe unten das Wort *und* oder zeichne bzw. schreibe alles hin, was dich in deiner Trauer begleitet – was auch immer *und* heute für dich bedeutet.

SCHÖNHEIT ALS VERBÜNDETE

Wenn alles verloren scheint, kannst du wenigstens noch nach Schönheit Ausschau halten. Die Gegenwart von Schönheit kann deinen Schmerz nicht wegzaubern, doch die Abwesenheit von Schönheit macht alles noch schwerer zu ertragen.

Schönheit kann eine starke Verbündete sein: Sie gibt dir etwas, woran du dich festhalten kannst, wenn die Welt sich überwältigend traurig und finster anfühlt.

Sammle auf dieser Doppelseite kleine Schönheitsnuggets des heutigen Tages: eine Unterhaltung, die du mitgehört hast, eine frisch geöffnete Blüte, die Formation eines Vogelschwarms, zufällige Herzformen, die du in Steinen oder Wolken entdeckt hast. Schreibe, male oder klebe Dinge direkt auf das Blatt. Schönheit existiert, selbst hier in deiner Trauer.

EIN TRAURIGKEITS-SCHNÜFFLER

Was du erlebt hast, hat dich etwas gelehrt, was anderen bisher verwehrt blieb. Du weißt, was es heißt, sich durch eine Welt zu bewegen, während ein Teil des Herzens noch in einer anderen Welt steckt.

Es folgt nun eine Übung für deine Ausflüge in die »normale« Welt:

Achte (unauffällig!) auf Zeichen, dass andere Menschen an einem großen Verlust knabbern. Lausche auf Hinweise. Suche in der Subtilität alltäglicher Augenblicke nach denjenigen Stellen, wo die tiefer liegende Welt durchscheint, nach den Rissen.

Du musst gar nichts unternehmen. Es reicht schon, diese Risse wahrzunehmen. Stelle dir einfach vor, du würdest der betreffenden Person Liebe und Freundlichkeit erweisen. Möge dieses neue Wissen deinen Blick weicher machen und dein Herz öffnen. Wer weiß, vielleicht kannst du ja ein wenig mehr Mitgefühl in diese Welt bringen. Brauchen kann sie es immer.

Schreibe in die Sprechblase auf der gegenüberliegenden Seite, welche Botschaft du unausgesprochen sendest, wenn du den Schmerz eines anderen wahrnimmst.

MUSST DU DAS STADIUM ERREICHEN, IN DEM DU DEINEN VERLUST AKZEPTIERST?

Der Mann einer Freundin war im Urlaub ertrunken. Sechs Jahre später schrieb sie: »Ich kämpfe noch immer damit, das zu akzeptieren. Nicht nur damit, seinen Tod zu akzeptieren, sondern auch damit, mein heutiges Leben zu akzeptieren, jene regelmäßigen Aufwallungen von Trauer und Einsamkeit. Ich kämpfe noch immer damit, das zu akzeptieren, was ist.«

Akzeptanz wird gern als Keule gegen Trauernde geschwungen: »*Akzeptiere* doch endlich, dass sie/er tot ist.«

Irrtümlicherweise hält unsere Umwelt Akzeptanz für den Königsweg zur Heilung. Aber akzeptieren heißt doch, *willentlich* anzunehmen, was einem angeboten wird.

Und das finde ich zu viel verlangt. Du musst gar nicht akzeptieren, was passiert ist. Wie kann sich nur irgendjemand einbilden, das wäre überhaupt möglich? Manche Dinge bleiben immer inakzeptabel.

Ich frage mich, ob wir stattdessen nicht lieber »eingestehen« anpeilen sollten, ein leichter erreichbares Ziel. Sich etwas einzugestehen, bedeutet, eine unbequeme Wahrheit einzuräumen, offen auszusprechen. Das scheint mir als Zielmarke deutlich freundlicher.

Gefühlszustände zuzulassen, ohne eine große Geschichte daraus zu machen, ist in diesem Zusammenhang ein nützliches Werkzeug, das viel bewirken kann.

Angenommen, du spürst eine vertraute, tiefe Einsamkeit in dein Herz kriechen. Solange du noch nach Akzeptanz strebst, löst das vielleicht Gedanken wie diese aus:

> »Ich habe dieses Gefühl so satt. Ich wünschte, ich könnte einfach akzeptieren, dass er weg ist. Mein Leben ist leer, vielleicht für immer. Ich möchte nicht immer einsam bleiben. Aber er ist weg. Was soll jetzt noch kommen? Ich wünschte, ich könnte das hier akzeptieren«

Wer nach Akzeptanz strebt, glaubt vielleicht, er sollte versuchen, sich nicht länger einsam zu fühlen. Er greift nach einem mythischen, unerreichbaren Gefühlszustand, der ihm verheißen scheint, sobald er endlich akzeptiert, was ist – und zwar willentlich.

Aber wer ist schon willentlich einsam? Niemand!

Jemand, der nur auf Eingeständnis abzielt statt auf Akzeptanz, denkt eher so:

> »Ich fühle mich heute einsam. Das Gefühl ist so vertraut und lastet schwer auf mir. Okay, mein einsames Ich: Ich sehe dich. Natürlich fühlst du dich einsam. Ich frage mich, was dieses Gefühl heute lindern könnte?«

Spürst du den Unterschied? Natürlich erscheinen nicht plötzlich Regenbogen am Himmel, nur weil du dir die Realität eingestehst, anstatt sie »weg« zu akzeptieren. Dein Leben beginnt nicht auf magische Weise neu. Es ist nur freundlicher dir selbst gegenüber (und realistischer!), dir bewusst alle Gefühlszustände einzugestehen, die Realität so wahrzunehmen, wie sie ist, sie als zulässig und wahr zu würdigen, und dich zu fragen, was du vielleicht brauchst, um auf dieses Gefühl zu antworten, es zu würdigen oder dich mit ihm zu arrangieren. Dir die Realität einzugestehen, hilft dir wahrscheinlich auch, Selbstvorwürfe zu vermeiden, die dich nur noch stärker runterziehen.

Versuche es einmal. Nimm die Karten auf der nächsten Seite und denke dir neue Skripte für Gefühle aus, die zu akzeptieren dir schwerfällt, die aber trotzdem da sind. – Gefühle, die du deiner Ansicht nach nicht haben solltest. Zeichne dich selbst. Strichmännchen sind absolut okay. Schreibe oder zeichne in das erste Bild ein unbehagliches Gefühl. Zeichne ins nächste Bild, was du vielleicht brauchst, um dich in diesem Gefühl unterstützt zu fühlen. Schreibe ins dritte Bild ein neues Skript für den Fall, dass du spürst, wie dieses Gefühl hochkommt.

Übertrage diese Übung dann in deinen Alltag. Probiere die neuen Skripte aus und schau, was passiert.

HIER ANFANGEN

KAPITEL 17

Die Freiheit zu leben

Deine Trauer mag zwar nicht immer so intensiv sein wie jetzt gerade, doch sie wird immer ein Teil von dir bleiben – wie deine Liebe. Das Leben kann wieder schön sein und wird es wahrscheinlich auch wieder. Doch es wird immer ein Leben sein, das *um* diesen Verlust *herum* entstand, von Schönheit ebenso geprägt wie von Verwüstung. Diese Verwüstung nicht zu leugnen – das ist das Fundament deines zukünftigen Lebens.

Hier zu leben, mit deinem Verlust, wird nicht einfach. Höchstwahrscheinlich überlebst du deine Trauer, aber ich wünsche mir für dich mehr als reines Überleben.

Wäre dies hier ein anderes Buch, würde in diesem Abschlusskapitel ein Happy End folgen. Es würde rekapituliert werden, welche Lektionen du gelernt hast, deine Transformation würde gefeiert und das Ganze mit einem Regenbogen oder einem Sonnenuntergang gekrönt werden. Doch dieses Buch ist anders. Deswegen möchte ich in diesem letzten Kapitel über schwierige Dinge reden: über Freude, Sinn und Hoffnung.

FREUDE

Freude ist kompliziert. Du kannst nicht einfach Anweisungen folgen und in ein paar Schritten von Trauer zu Freude gelangen (egal, was die Werbung manchmal verspricht). So einfach läuft es in der Realität nicht.

Niemand spricht über die dunkle Seite der Freude: über den Schmerz, der dir plötzlich ins Herz schießt, wenn du merkst, dass du zum ersten Mal wieder lachst, richtig lachst. Oder über das verzehrende Verlangen nach dem vermissten Menschen, wenn du ganz unerwartet Schönheit entdeckst, dich freust, und dich dann urplötzlich nach dem Menschen sehnst, der diese Schönheit in dir sah.

Oder du merkst, irgendwann, in drei, fünf oder zehn Jahren, dass du tatsächlich glücklich bist, und bekommst einen Heulkrampf, weil der geliebte Mensch in diesem Glück nicht bei dir ist. Und gleichzeitig fühlst du dich schuldig, weil du ohne ihn glücklich bist.

Freude kann sich wie Verrat anfühlen.

Dabei schmälert das Glück doch nicht deine Liebe für den/die Verstorbene/n. Das vermag es überhaupt nicht. So funktioniert Liebe nicht.

Du wirst wieder Freude spüren, egal, wie unwahrscheinlich (oder sogar unerwünscht) dir das jetzt vorkommen mag. Das wird aber nicht bedeuten, dass du nicht mehr traurig wärst.

Stelle einen Timer auf fünf Minuten und beschreibe unten einen Augenblick des Glücks, auch wenn dieses Glück dir gleichzeitig das Herz gebrochen hat. Wann passierte das? Wie fühlte es sich an?

Sowohl/als auch statt entweder/oder

Trauernde sträuben sich oft gegen Freude, weil unsere Kultur ihnen vermittelt, sie müssten erst ihre Trauer überwinden, bevor sie wieder Freude erfahren könnten: Du kannst nicht gleichzeitig froh und traurig sein!

Wenn du aber wirklich deine Trauer überwinden müsstest, um wieder Freude zu empfinden, hätten wir ein gewaltiges Problem. Denn die Trauer verschwindet nirgendwohin.

Zum Glück schließen Freude und Trauer einander nicht aus. Du kannst durchaus wieder Freude spüren, auch in deiner Trauer. Du kannst beides haben!

Wie stehst du zur Freude? Was macht die Vorstellung, froh zu sein, mit dir? Ändert sich etwas, wenn du deine Trauer nicht aufgeben musst, um Augenblicke der Freude zu erleben? Schreibe deine Antworten unten hin. Fällt dir der Einstieg schwer, kannst du immer beginnen mit: »Freude ist kompliziert …«

Eine Vision der Freude

Male oder collagiere unten ein Bild, das darstellt, was Freude für dich bedeutet. Sollte dir die Vorstellung, du könntest wieder froh sein, gerade abwegig vorkommen, kannst du ein Bild davon gestalten, wie zukünftige Freude aussehen könnte.

VOM SINN DES GANZEN

Einen Sinn zu finden, gilt als der Heilige Gral der Trauerarbeit. – Als würde deine Trauer verschwinden, sobald du einen tieferen Grund hinter all dem erkennst.

Abgesehen davon, vernichtet ein Verlust eher jedes Gefühl dafür, dass die Dinge einen tieferen Sinn hätten. Wie soll man weitermachen, wenn der eine Mensch, der einem am meisten bedeutet hat, weg ist?

Bedeutung gehört zu dem, was nur du selbst finden kannst. Und Bedeutung zu finden, ist etwas ganz anderes, als einen tieferen Grund zu finden. Um auch weiter ein sinnerfülltes Leben führen zu können, musst du einen inneren Kompass finden, ihm folgen und treu zu deiner Verpflichtung dir selbst, anderen Menschen und der ganzen Welt gegenüber stehen.

Kommen wir jetzt zu einer schwierigen Übung: Schau, ob du in deinem Leben einen roten Faden einer Bedeutungsbeimessung erkennen kannst, der sich von deinen jungen Jahren bis heute durchzieht. Vielleicht hast du dich als Kind schon für gemobbte Klassenkameraden stark gemacht? Und als junger Erwachsener für einen Außenseiter eingesetzt? Vielleicht hast du in deiner Karriere immer versucht, jenen behilflich zu sein, die aufgrund ihrer Rasse oder ihres Geschlechts von der Teilhabe ausgeschlossen waren? Dann ist offenbar Fairness der rote Faden, der sich durch dein Leben zieht. Diese Fairness war immer da. Das Bewusstsein dafür mag in deiner Trauer verloren gegangen sein, aber ich schätze, dein Gerechtigkeitssinn steckt weiter in dir drin.

Zeichne unten einen Zeitstrahl deines Lebens. Welche wiederkehrenden Themen fallen dir beim Blick zurück auf? Welcher rote Faden zieht sich durch alle Phasen deines Lebens, was hat dir immer etwas bedeutet, wofür hast du dich immer eingesetzt?

Und jetzt?

Erkunde ein wenig genauer, was für dich Bedeutung hat. Wie könntest du in den kommenden Tagen und Wochen diesen roten Faden wieder aufnehmen, der sich durch dein Leben zieht? Lass deiner Fantasie freien Lauf, auch verrückte Ideen sind willkommen. Male, zeichne oder schreibe hin, was dir dazu einfällt.

Diesen Tag überstehen

Vielleicht hast du eine interessante Reaktion , wenn du dir den Rest deines Lebens vorstellst: Furcht. – Der Blick nach vorn fällt mitunter sehr schwer. Der Gedanke an all die Jahre vor dir zieht dich runter wie Blei. Du fühlst dich, als würdest du eine lebenslange Haftstrafe antreten. Hätte mir am Anfang meiner Trauer ein anderer Trauernder erzählt, nach fünf, neun oder zwanzig Jahren sei sein Leben wieder wunderbar geworden, hätte ich entgegnet: »Bei mir ist das anders. Das wird mir nie passieren«

Aber schau, diese Zentnerlast ist gerade erst auf dich gefallen. Du findest dich jetzt erst in deine neue Situation hinein. Wie du sie ertragen wirst, stellt sich erst heraus. Heute kannst du unmöglich voraussehen, wie es dir in ein paar Jahren geht. Heute fühlt sich jeder Blick in die Zukunft nur besch...eiden an. Aber du kannst dir nicht wirklich vorstellen, wer du in ein paar Jahren bist, dafür fehlt es dir an zu vielen Informationen. Die kristallisieren sich erst heraus, während du lebst. Wenn die langfristige Perspektive dir zu schwerfällt, schau auf diesen Tag: Was liegt hier, in diesem Augenblick, direkt vor dir? Kein Funke von Interesse oder Bedeutung muss über diesen Tag hinweg anhalten.

Stelle einen Timer auf fünf Minuten. Schreibe unten hin, was dir heute bedeutsam scheint. Dann finde etwas, das morgen für dich bedeutsam ist, und schreibe es auf. Wiederhole das Ganze morgen, übermorgen und so weiter.

HOFFNUNG

Trauer verläuft, wie die Liebe, nach ihrem ganz eigenen Zeitplan. Wie bei allen natürlichen Prozessen bestimmen nicht wir allein darüber. Was du allerdings beeinflussen kannst, ist, wie du für dich selbst sorgst.

Gut mit der Trauer zu leben heißt, Wege zu finden, dir selbst treu zu bleiben, zu würdigen, wer du bist und was früher war, während du deine verbleibenden Tage und Jahre lebst. Ob du mit deiner Trauer gut umgehst, hängt weniger davon ab, was du tust, sondern vielmehr davon, wie du deinem eigenen Herzen begegnest und wie du das lebst, was in diesem Leben von dir verlangt wird. Nun ist es aber nicht immer einfach, vorwärtszuschreiten, wenn der Boden unter den Füßen schwankt und man nicht weiß, was die nächsten Tage und Jahre bringen werden. Gerade in derart unsicheren Zeiten braucht man eine Vision. Etwas, das man anstrebt. Etwas, worauf man hofft. Ein ganz persönliches Ziel. Die nächste Übung soll dir helfen, diese Vision zu entwickeln.

Mal dir dein Leben aus

Es ist ein komplexer und komplizierter Prozess, seine Liebe in sich zu tragen und einen Weg nach vorne zu finden, ohne dabei seine Trauer »hinter sich zu lassen«.

Wie würde angesichts der Tatsache, dass sich dein Verlust nie wiedergutmachen lässt, ein »gutes« Leben aussehen? Wie willst du hier leben, in dieser auf den Kopf gestellten Welt? Entwickle auf den folgenden Seiten eine eigene Vision davon, was es heißen würde, »gut« zu leben. Welche Art von Leben erhoffst du dir?

Dazu ein paar Leitfragen:

- Was würde angesichts dessen, was du durchmachen musstest, zu einem guten Leben gehören? Zu einem schönen Leben?
- Wie könnte Heilung für dich aussehen – nun, da du weißt, dass ein vollständiges »Überwinden« der Trauer nie das Ziel sein kann?
- Was für ein Mensch willst du sein, für dich und andere?
- Was erhoffst du dir für dich selbst?

Du kannst all diese Fragen gleichzeitig beantworten und so einen umfassenden »Guide« für diese Zeit deines Lebens kreieren. Oder du liest dir die Fragen täglich neu durch und horchst in dich hinein, was sich an jedem Tag richtig anfühlt. Du kannst deine Antworten auch als Collage darstellen.

Die Zukunft vor dir

Es ist gut möglich, dass es dir schwerfällt, eine Vision deines zukünftigen Lebens zu entwickeln. Schließlich trauerst du, wie sollst du da von der Zukunft träumen? Konzentrieren wir uns deshalb lieber auf einen erhofften Gefühlszustand und lassen dann ein wenig Zeitreise-Magie walten. Überlege dir einen Segen für dein zukünftiges Ich. Was wünschst du dieser Person, die du einmal sein wirst? Wie hoffst du, dich in Zukunft zu fühlen? Als Startpunkt könntest du nehmen: »Mögest du wissen ...« oder »Mögest du dich ... fühlen.«

Die tolle App FutureMe (auf futureme.org) erlaubt dir, Briefe an dein zukünftiges Ich zu schreiben, die dir dann zu einem festgelegten Zeitpunkt zugestellt werden. Wenn du deinen Segen gezeichnet oder ausgemalt hast, mache ein Foto davon und schicke es deinem zukünftigen Ich!

DIE FREIHEIT ZU LEBEN

Am Ende dieses Buches kann ich dir jetzt nicht versprechen, dass alles gut wird. Aber ich möchte mit einem hoffnungsvollen Ausblick schließen: Das hier ist dein Leben.

Die Geschichte deines Lebens ist noch nicht zu Ende geschrieben. In deinem Leben gibt es noch weitere Beziehungen, die andauern und sich ständig verändern werden – die Beziehung zu deiner Trauer, zur Liebe, zu der Person, die du verloren hast, zu dir selbst. Vor dir liegen Abenteuer, schwere Zeiten und Geschenke. Dein Leben wird weiterhin so sein wie die Entwicklungsreise eines Helden.

Im Grunde deines Herzens bist du frei. Frei, dieses Leben auf eine Weise zu führen, die deinem Ich entspricht, die dein früheres Leben würdigt und denjenigen Menschen, den du verloren hast.

Dein Leben mag sich unfair und unkontrollierbar anfühlen (oft genug ist es ja unfair und unkontrollierbar), aber wie du darauf reagierst, entscheidest du frei. Es ist nicht alles gut, es geschieht nicht alles zu deinem Besten – aber mit deiner ganz persönlichen Reaktion behauptest du dein Recht, dir selbst treu zu bleiben. Du übst Souveränität aus. Denn darauf kommt es an: Sein Leben so zu leben, wie man es für richtig und bedeutungsvoll erachtet.

Deine Aufgabe besteht darin, dich bestmöglich um dich selbst zu kümmern, und all die Liebe, Freundlichkeit und Kameradschaft freudig anzunehmen, der du begegnest.

Trauer zu überleben, ist ein Experiment. Ein Experiment, an dem du höchst unfreiwillig teilnimmst, aber dennoch ein Experiment. Du kannst nichts anderes tun, als den Weg vor dir zu erkunden, mit deiner Liebe und deinem Verlust im Gepäck. Mögest du auf deinem Weg von den drei Kameraden Freude, Bedeutung und Hoffnung begleitet werden!

Beenden wir dieses Buch mit einem letzten Liebesbrief an dich. Ich gebe dir meine Botschaft auf der gegenüberliegenden Seite mit auf den Weg durch dieses Leben, das du nicht hast kommen sehen.

Das Buch endet mit ein paar leeren Seiten. Halte darauf deine Reaktion auf den Liebesbrief fest, in Worten oder Bildern. Oder schreibe eine eigene Version des Briefes.

Wir begegnen uns in Zärtlichkeit und Anpassungsfähigkeit, um offen zu werden für Schmerz und Liebe. Um unsere Herzen zu öffnen. Gib nach, kämpfe nicht dagegen an. Alles ist nicht gut. So sieht es aus. Also begegnen wir uns so zärtlich, wie wir nur können. Wir nehmen zärtlich an, was ist, wir schmiegen uns daran. Wir geben nach.

Deine Trauer bedeutet nicht, dass du vom Weg abgekommen wärst. Trauer ist der Weg. Dein Herz weich zu machen, ist ein radikaler Akt. Ebenso radikal ist es, dir für dich selbst etwas Schönes, Ruhiges und Freundliches zu wünschen. Deine Hände auszustrecken und zu sehen, was kommt. Dein Herz zu öffnen und zu sehen, was bereits gekommen ist.

Was nun hier ist, ist Liebe. Sie ist nicht hier, um irgendetwas besser zu machen, die Trauer verschwinden zu lassen oder der Sache einen tieferen Sinn zu verleihen. Sie ist einfach nur hier.

Liebe steht an deiner Seite, auch wenn du sie nicht fühlst, selbst wenn sie sich in Luft aufgelöst zu haben scheint. Vielleicht ist die Liebe noch bei dir, in einer ihrer vielen Erscheinungsformen: eine Liebe, die allem zugrunde liegt. Die keinen Sinn ergibt. Ich glaube gar nicht, dass Liebe je versucht, einen Sinn zu ergeben. Sie ist nur da, unter allem, um alles herum, in allem.

Und vielleicht wusste diese Liebe ja, was kommt. Vielleicht bereitete sie dich so gut wie möglich auf das vor, was kommt, was jetzt ist. Vielleicht begleitete dich Liebe in all ihren Erscheinungsformen all die Zeit, schon dein ganzes Leben lang.

Während du in diesen Raum atmest, spürst du Sanftmut über dich kommen, sie streckt sich dir entgegen, umfängt dein Herz, hält dir die Hände. Unendliche Liebe. Unendliche Zärtlichkeit.

Liebe ist hier bei dir. Eine Liebe, der wegen dir das Herz bricht. Der mit dir das Herz bricht. Neben dir, genau hier. Und du atmest all die verfügbare Liebe ein. All die Sanftmut. Indem wir dem Schmerz mit Liebe begegnen, öffnen wir uns der Liebe.

Und wir kehren immer und immer wieder zurück, entscheiden uns bewusst, präsent zu sein, zu fühlen, auch das hier anzunehmen, selbst das hier. Alles ist nicht gut, so sieht es aus.

Was in Liebe begann, setzt sich hier auf diesem Weg fort, auf diesem Pfad.

Mögest du Liebe erkennen.
Mögest du Freundlichkeit erkennen.
Mögest du Leid vermeiden.

Und mögest du auf das unablässige, andauernde Experiment hoffen, das heißt, an eine Liebe glauben, die dich nicht rettet, die aber trotzdem dein Schutzschirm und dein Zuhause ist. Möge das, was du in diesem Buch gefunden hast, dir helfen zu ertragen, was du durchleben musst.

Danksagungen

Ich weiß nicht, ob ich dieses Buch damals zu würdigen gewusst hätte, als meine Welt auf den Kopf gestellt wurde. In meiner damaligen Stimmung hätte ich vielleicht alles als nutzlos abgelehnt. Trotzdem hoffe ich, mit diesem Buch etwas geschaffen zu haben, was mein damaliges Ich schön und nützlich gefunden hätte.

Über meine Writing-Your-Grief-Kurse und meine Plattformen in den sozialen Medien bin ich mit Tausenden Trauernden in Kontakt gekommen. Vielen Dank euch, den Kursteilnehmern und den Lesern meiner Posts, dass ihr eure Trauer mit mir geteilt habt! Eure Liebe zu euch selbst und zu denjenigen, die euch genommen wurden, scheint überall durch. Ich habe mit euch im Hinterkopf geschrieben.

Jayne Agena, meine wunderbaren Klienten und der Rest des Grief-revolution-Straßenteams gaben mir in der Anfangsphase des Projekts unschätzbar wertvolle Hinweise. Meine liebe Freundin und Kollegin Dr. Jessica Zucker half mir mit dringend benötigter moralischer Unterstützung sowie Input und erinnerte mich bei Bedarf, dass ich tatsächlich auch schwierige Dinge schaffe. Mein Agent, David Fugate, agierte wie immer als Stimme der Vernunft. Bei Dr. Samantha Brody konnte ich meinem Sarkasmus Luft machen und gemeine Bemerkungen loswerden; sie diente als Leiterin der Qualitätssicherung. Maika und Zee hielten die Arbeit im Grief-revolution-Hauptquartier am Laufen, während ich mich absonderte, um in Ruhe dieses Buch zu schreiben.

Ihr alle habt dieses Buch erst möglich gemacht. Vielen Dank!

Wie immer möchte ich auch meinem Team bei Sounds True danken, außerdem Naya Ismael für ihre Illustrationen. Gemeinsam haben wir etwas Wunderschönes geschaffen.

Diesen letzten Teil des Buches schreibe ich mit einem verspielten Welpen zu meinen Füßen. Matt und ich hatten vor vielen Jahren einen Hund adoptiert. Beide sind inzwischen schon so lange tot! Einen Wimpernschlag und eine Ewigkeit lang. Joy kehrt immer wieder zu mir zurück, in verschiedenen Körpern, zu verschiedenen Zeiten. Demjenigen, der dafür sorgt, vielen Dank! Danke für alles!

Anhang

Hilfsorganisationen

Bitte beachte, dass Organisationen, die Menschen in ihrer Trauer unterstützen, anstatt sie zu pathologisieren, noch immer dünn gesät sind. Nun, da ein neuer Dialog über die Realität der Trauer eröffnet ist, tun sich hoffentlich neue Hilfsangebote auf. Es gibt da draußen gute Organisationen für die verschiedensten Verluste. Suche so lang, bis du eine findest, die sich richtig anfühlt.

In der amerikanischen Ausgabe dieses Buches wurden Hilfsangebote für den amerikanischen Raum aufgeführt. Die Angebote, die du hier findest, wurden vom deutschen Verlag hinzugefügt und stammen nicht von der Autorin Megan Devine. Bitte überprüfe jedes Angebot entsprechend deinen Bedürfnissen.

Bisher ist eine Trauerberatung in Deutschland noch nicht zentral organisiert, dennoch gibt es viele verschiedene Angebote, um mit seiner Trauer zurechtzukommen und darüber zu sprechen. Prinzipiell ist es an mehreren Stellen möglich, Trauerhilfe als Einzelperson oder in der Gruppe wahrzunehmen.

Viele private Psychotherapeuten bieten eine Trauertherapie an. Zudem gibt es viele private Trauerbegleiter in Deutschland, die helfen und dabei individuell auf deine Bedürfnisse und Wünsche achten.

Ebenso stellen Vereine wie der deutsche *Caritasverband* kostenlose Hilfe und Beratung. Ortsbezogen ermöglichen von der Caritas organisierte Treffen und Gruppen einen Austausch und Gespräche in der Phase der Trauer und danach. Genauere Informationen findest du hier: https://www.caritas.de/hilfeundberatung/hilfeundberatung

Schnelle, kostenfreie und anonyme Hilfe bietet die *Telefonseelsorge* unter folgenden Telefonnummern:

0800/111 0 111

0800/111 0 222

116 123

Auch eine Beratung per Mail, per Chat oder persönlich ist möglich. Weitere Informationen finden Sie hier: http://www.telefonseelsorge.de/

In Kirchen, Krankenhäusern und anliegenden Hospizen besteht die Möglichkeit, eine kostenlose Trauerberatung in Anspruch zu nehmen. Mittlerweile bieten auch immer mehr Bestattungsunternehmen Trauerhilfe an, um den Umgang zu erleichtern und den Tod des Verstorbenen anzunehmen und zu verarbeiten.

Im Internet finden sich zahlreiche Foren und Blogs, die eine weitere Plattform für einen Dialog bieten:

Das deutschlandweite Trauerportal *trauer.de* listet sinnvolle und hilfreiche Informationen über Trauer und Trost im Todesfall und bietet Hilfe für die Beisetzung: https://www.trauer.de/trauer-und-trost/uebersicht

Auch das Trauerforum *Aspetos* unterstützt dich anonym und kostenfrei bei deinen Fragen, Gefühlen und Gedanken.

Ein Tipp

Ein geregelter Nachlass ist wichtig für dein Umfeld. Er hilft, Entscheidungen zu klären, und verhindert Konflikte (wodurch unnötiges Leid vermieden wird, der Schmerz ist so schon groß genug). Eine praktische, lebensnahe Anleitung findest du in den Schriften der Stiftung Warentest – Finanztest, etwa im Nachlass-Set.

Downloads und Online-Galerien

Alle Elemente dieses Arbeitsbuchs zum Ausschneiden findest du auch im Internet unter here-after.com/journal. Den Abschlussbrief gibt es ebenso als Audio-Download unter demselben Link. Die Online-Galerien mit den Liebesbriefen an Trauernde, mit Trauer-Mentoren und personifizierter Trauer findest du ebenfalls dort.

Lösung für das Suchrätsel auf S. 71

E Q D N G S D H U N Z A L U K U R N T L I E Z
D V Q S O K T Ö E K H U Y F A M I L I E A T S
W C C P A R A M W D L Q H A M K O G Ä T U H D
S D X O Ä D M C N I E X Z Ö E V S E Y D H E L
I S G E R H O A I M W G U L R K N M U S U J T
H Y V B I S H I L F E C N I A M U O E J M P S
E Z M T T O D Ö U T K U T W D C D W O N K L U
A M S D H T A Z Ä T U L T H Ä I A G L D A A P
T O K A Y W E N N D U T R A U R I G B I S T N
T Ö L U I Q W B G A T X A C H C Z O T U C T U
M X I K G O L N H S A T U M Q T U G L N O I N
W D C E T E T I L K R Ä E A E Z T S S P P T A
S K H Z K K S T R J A H R E O R S I L E T Ü G
E S L S O H O P L Z I S A L T C E O T C O D Z
E R I N N E R U N G T T Y C S I Z K J A C E U
A S E C E I T L A V U Ü E A S Y T Ä Z P T N H
I U B Y S L P S O J H L R O M U H N E G L A G
P S E T P E T C S R A K R V V C E K J I O U I
V P D K O A H Ü L T A I K O J H B Z E L S Z C
S L I E V E R B U N D E N H E I T B L T T H M
A J C O T L B C T J S K U B T I E H N Ö H C S
S C H L A F M E H R H I B K O U E J E O U J K

Über die Autorin

Megan Devine, LPC, ist Autorin, Vortragsrednerin und Trauerberaterin, die sich beim Thema Trauer für einen Wandel in der Gesellschaft stark macht. Ihr Buch *Es ist okay, wenn du traurig bist: Warum Trauer ein wichtiges Gefühl ist und wie wir lernen, weiterzumachen* gilt als Pflichtlektüre für Trauernde und alle, die auf diesem Gebiet arbeiten. Gemeinsam mit ihrem Team ermöglicht sie eine wachsende Anzahl von Kursen, Veranstaltungen und Schulungen zur Unterstützung von Trauernden und denjenigen, die ihnen beistehen wollen. Dort lernen Menschen, Schmerzen zu ertragen, die ihnen niemand nehmen kann. Mehr Infos findest du auf: here-after.com.

Über die Illustratorin

Naya Ismael stammt aus Syrien und ist Autodidaktin. Sie arbeitet sowohl für digitale als auch für analoge Medien. Ihre beiden Eltern sind Künstler, sie selbst verliebte sich schon in sehr jungen Jahren in die Kunst. Sie verbrachte ihre Kindheit damit, ihren Eltern in ihren Ateliers beim Arbeiten zuzusehen und mit ihnen Galerien zu besuchen. Zu Nayas Arbeiten gehören digitale Wandbilder, Buchumschläge, User Interfaces für Handy-Apps, Logos und Kleidung. Sie stellte auch in der ersten digitalen Kunstgalerie in Damaskus aus. Naya studiert Marketing am Higher Institute of Business Administration in Damaskus. Du findest ihre Arbeit auf Instagram @naya.ismael und auf Behance @nayaismael.